无限交谈

陈子善 访谈录

Chen Zishan　Interviews

文学现场的
真实与想象

陈子善 著

李浴洋 主编

山东画报出版社

济南

图书在版编目（CIP）数据

陈子善访谈录：文学现场的真实与想象 / 陈子善著.
济南：山东画报出版社, 2025. 3. -- (无限交谈 / 李
浴洋主编). -- ISBN 978-7-5474-4663-8

Ⅰ. K825.46

中国国家版本馆CIP数据核字第2024QU9779号

CHENZISHAN FANGTAN LU：WENXUE XIANCHANG DE ZHENSHI YU XIANGXIANG

陈子善访谈录：文学现场的真实与想象
陈子善　著

选题策划	王一诺
责任编辑	马　赛
封面设计	徐　潇
版式设计	王　芳　丁文婧

主管单位　山东出版传媒股份有限公司
出版发行　山东画报出版社
　　　　　社　　址　济南市市中区舜耕路517号　　邮编 250003
　　　　　电　　话　总编室（0531）82098472
　　　　　　　　　　市场部（0531）82098461
　　　　　网　　址　http://www.hbcbs.com.cn
　　　　　电子信箱　hbcb@sdpress.com.cn
印　　刷　济南龙玺印刷有限公司
规　　格　148毫米×210毫米　32开
　　　　　9.5印张　250千字
版　　次　2025年3月第1版
印　　次　2025年3月第1次印刷
书　　号　ISBN 978-7-5474-4663-8
定　　价　59.00元

陈子善，逄小威摄

其实我所谓"加法"，

不是给作家一个文学史上的位置，

给他们如何高的评价，

而是承认他们在文学史或者至少在文学史的某一个时段

发挥过重要的作用，

而不是说让他们"自然消亡"。

1969年3月22日赴江西插队落户时摄于上海北火车站

左起：同学鲁岭石、父亲陈新民、陈子善

20 世纪 80 年代初在浙江的合影

前排右起五人依次为濮之珍、蒋孔阳、许杰、钱谷融、杨霞华；

后排右二为陈子善；其他人为许、钱指导的首届硕士生

与1981年版《鲁迅全集》注释定稿组同人摄于北京人民文学出版社内

1988年10月14日在首届中华文学史料学研讨会上的合影
左起：胡从经、丁景唐、卢玮銮、姜德明、秦贤次、陈子善

1993 年 12 月 21 日与巴金摄于其上海武康路寓所客厅

坐者巴金，后排左起：陈子善、台湾作家雷骧、巴金女儿李小林

1991 年参加胡和清的博士论文答辩

左起：徐中玉、潘旭澜、贾植芳、蒋孔阳、钱谷融、胡和清、陈子善。

现除陈子善，均已逝世

2006 年秋与前辈作家的合影

前排左起：秦绿枝、黄裳、李济生；后排左起：陆灏、陈子善、陈麦青、郑重、刘绪源

2016 年 9 月与瑞士中国现代文学研究家冯铁摄于第 3 届中国现代文学手稿学国际研讨会

后排左起：王锡荣、郜元宝、陈子善、冯铁、冯铁夫人、符杰祥、黄昌勇

2021 年秋在上海举行"手录新文学经典毛笔字展"时的写字照

为了让猫玩得开心，

我会准备不那么重要的书和报纸，供它们抓。

它们很聪明，

知道可以挠哪些东西，

基本不会在我的藏书上搞破坏。

"三陈"在上海的合影

左起：陈子善、陈平原、陈思和。立者为文贵良

2023年12月"三子"在香港作家联会成立三十周年研讨会上的合影

左起：许子东、陈子善、黄子平

陈子善与张伟（中）、黄晓彦（右）讨论《海派》丛刊用稿

陈子善临摹常玉绘徐志摩头像，右为友人张伟

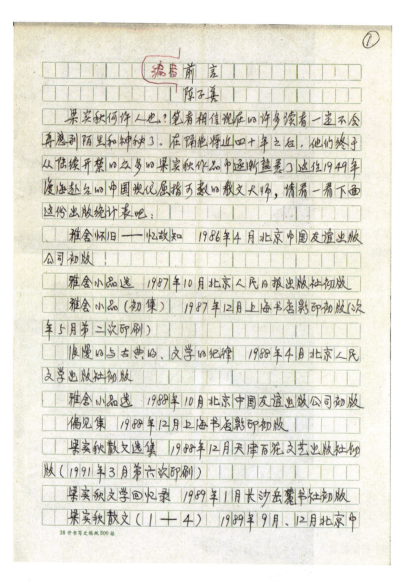

编者 前　言

陈子善

梁实秋何许人也？笔者相信现在的许多读者一定不会再感到陌生和神秘了。在隔绝将近四十年之后，他们终于从陆续开禁的这么多的梁实秋作品中逐渐熟悉了这位1949年度海赴台的中国现代屈指可数的散文大师，情看一看下面这份出版统计表吧：

雅舍怀旧——忆故知　1986年4月北京中国友谊出版公司初版

雅舍小品选　1987年10月北京人民日报出版社初版

雅舍小品（初集）　1987年12月上海书店影印初版（次年5月第二次印刷）

浪漫的与古典的·文学的纪律　1988年4月北京人民文学出版社初版

雅舍小品选　1988年10月北京中国友谊出版公司初版

偏见集　1988年12月上海书店影印初版

梁实秋散文选集　1988年12月天津百花文艺出版社初版（1991年3月第六次印刷）

梁实秋文学回忆录　1989年1月长沙岳麓书社初版

梁实秋散文（1—4）　1989年9月、12月北京中

16开书写文稿纸500格

陈子善 20 世纪 90 年代编选的《回忆梁实秋·前言》手稿第一页

辛笛题赠钱锺书、杨绛夫妇的新诗集《手掌集》初版毛边本

施济美题赠沈寂的短篇小说集《凤仪园》初版本

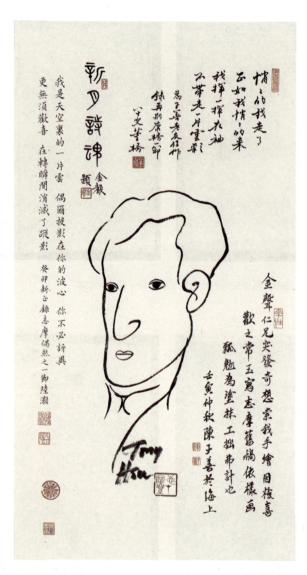

陈子善临摹常玉绘徐志摩头像，有董桥、陆灏、王金声题字和
徐志摩孙徐善曾的英文签名

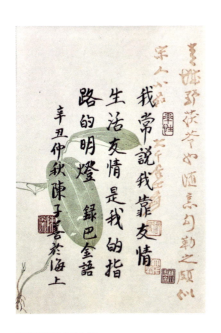

陈子善手录巴金语　　　　　陈子善作《猫与书》

总　序

李浴洋

　　1979 年，历史学家唐德刚回顾自己二十余年前为胡适做口述自传时的经历，感慨胡适与之对话的"老实"，进而提出了对于"对话"这一文体的认识——

　　"对话"（dialogue）比"讲课"（lecture）更有价值，原是世界学术史上的通例。古代的圣哲如孔子、孟子、苏格拉底、释迦、耶稣、穆罕默德等都是述而不作的。他们的哲学和教义，多半是当时听众和弟子们，从对话中笔记或默记下来的。苏格拉底固有其有名的《对话录》传于后世；而儒教"经书"中的《论语》《檀弓》等著作，又何尝不是孔子的"对话录"呢？而这些对话录就远比其他"经书"更有价值。主要的原因便是"对话录"所记的往往都是些脱口而出的老实话，不像那些三思而后言的"讲学""说教"等的官腔官调也。①

唐德刚揭示了在中外古典学术史、思想史与文学史上"对话"的渊源有自。进入现代，这一传统继续发扬。无论是艾克曼的《歌德谈话录》，还是唐德刚本人的《胡适口述自传》，都可谓此中"名著"。而晚近借助制作手段与传播技术的突飞猛进，"对话"的发展也一日千里，并且更为普及。更为关键的是，"对话"不再仅是一种记录形式，本身也实现了方法自觉，从而成为史学、文学、社会学、人类学、传播学、心理学与医学等学科积累知识的重要手段之一。能够"通过研究者和受访者之间的互动而产生知识"已经是诸多学科的共识。②

强调"研究者与受访者之间的互动"的"对话"，称之为"访谈"更加准确。如果不拘泥于"对话""对谈""访谈""访问"等具体称谓，那么各种形式的"对话"（以及三人谈、多人谈）都可以归入"产生知识"的"访谈"之列。而"访谈"产生的又何止"知识"？只要是足够认真、开放、"老实"的"互动"，思想、精神与趣味也大可以于焉生成。

上承古典而又富新变的是专业访谈。但必须承认，是新闻媒介的发达既为"访谈"（主要是新闻访谈）创造了极大的便利与需求，

---

① 唐德刚：《胡适口述自传》，传记文学出版社 1883 年版，第 7 页。

② ［丹］斯文·布林克曼、斯泰纳尔·克韦尔著，曲鑫译：《访谈（第二版）》，格致出版社 2020 年版，第 12 页。

同时还在相当程度上影响了人们的接受习惯与文体意识。专业访谈当然与新闻访谈有别，不过在契合现代社会与现代心灵方面二者却并无二致，甚至专业访谈还凭借其锐利、深刻、生动与灵活更胜一筹。于是可以看到，在林林总总的著述体例中原本并不十分显眼的"访谈"，如今宛若一支"轻骑兵"，在中文思想现场与大众阅读生活中异军突起。"《巴黎评论》'作家访谈'"系列引进的成功，《把自己作为方法——与项飙谈话》的备受欢迎，便是例证。

与新闻访谈大都围绕一时、一事展开不同，专业访谈往往更具系统性与纵深感。好的访谈不但有"学"有"思"，还能够见"文"见"人"。好的访谈亦是"文章"，既需要"出口成章"的积淀与才情，也得用心与用力经营。好的访谈更来自作者（访谈人与受访者相互成就）的个人关怀、立场与魅力的支撑。在这一意义上，好的访谈一定是有个性的，也必然是充满人性的。这与访谈的本质乃是一种人与人的精神交流直接相关。

道理的阐发、观点的碰撞，为的是达成更为全面与有效的认识；思想的对话、灵魂的共振，为的是形成更具洞见与理性的价值。人与人的精神交流可以不避剑走偏锋，但要有共同的底线，也可以鲜明秉持自家立场，只是不宜丧失同理心与共情力。所有这些，都是自由思想与自由表达的前提，是得以"无限交谈"的基础。唯有秉持对于"无限"的信心、热情、追求与保证，"交谈"才能真正有质有量地进行。作为一种文体的"访谈"，其自觉的形态应当是一种自由的思想方式与表达方式。以"交谈无限"，创造"无限交谈"。

"无限交谈"语出法国思想家莫里斯·布朗肖。批评家黄子平曾以此解说 20 世纪 80 年代活跃的文化气象："题目与文章的蓬勃涌流，正源于那些年的'无限交谈'。"[①] 其"同时代人"、学者陈平原日后也不断追怀那份思想与文化的"热火朝天"的景象"背后的大时代"[②]。而今重提"无限交谈"，并且将之落实到"访谈"这一文体的建设上，自是对于 80 年代的致意，更是希望重建某种舍我其谁的担当气度与真正自信的开放精神。

唐德刚所谓的"老实"，"无限交谈"彰显的"自由"，其实都指向了"访谈"之"真"。这是一种"真的人"面对"真的问题"与"真的经验"发出的"真的声音"。基于学养，出自识见，本乎良知，成于访谈，这固然是一种理想状态。如果能够采撷如是声音荟萃呈现，岂不似星光，如炬火？

"无限交谈"丛书即循此策划。一人一书，一书一题。丛书选择以"人"为中心，邀请在各自专业领域内确有真知灼见，同时又兼具公共情怀的知识分子参与。各卷访谈对象不仅是专家，更需"能说会道"——善于运用访谈进行思想表达。而每卷围绕一个主题展开，相对集中地收录作者历年就此所做访谈，则是希望在保留文体的生动性与开放性的前提下，还能够凸显其治学、深思的主要成果与最大特色。至于具体形式是访谈，是对话，是口述，并不作严格限定。

知识性、思想性、趣味性与生长性并美，是丛书的立意与用心。

---

① 黄子平：《文本及其不满》，译林出版社 2020 年版，第 35 页。

② 陈平原：《小书背后的大时代——从〈二十世纪中国文学三人谈·漫说文化〉说起》，载《读书》2016 年第 9 期。

访谈固然是某种意义上的"草稿"，但其中蕴含的能量不容小觑，可能比成型的著作更加生气淋漓，带给读者更为多元的启示。访谈也许只是"补白"，不过与高头典章相比，更具短兵相接的特点，能够把背后的真性情、真忧患与真关怀和盘托出。经由各抒己见，可以"众声喧哗"。而通过和而不同，通向一种更为整全也更具人文理想的精神图景，更是我们由衷期待的。

感谢山东画报出版社与王一诺女士、马赛女士的支持。

2023 年 10 月 16 日，京西芙蓉里

自　序

这是一本在我的写作计划之外的书。

李浴洋君主编一套颇具创意的"无限交谈"丛书，首辑就邀我加盟。对他的热诚，却之不恭，只能勉为其难。

我原以为我的访谈录不多，不料搜集下来，长长短短，居然还真不少。虽然还只是"有限交谈"，但可以成一本书了，书名就定作《文学现场的真实与想象》。

书中所收的这些答问和对话，散见于 20 世纪 90 年代后期以来的各种报刊，收入本书时均注明出处，并作了必要的校订。这些访谈的内容较为庞杂，但不外对如何研究中国现代文学史的探讨，对一些现代作家热门话题的解答，对自己治学路径的回顾，以及漫谈读书的体会。因此，这本访谈录就分为"谈文学史观""谈现当代作家作品""谈学术追求"和"谈阅读体验"四辑。这只是大致的归类。由于访问者虽各各不同，关注点却往往相似或接近，以至各辑中的所问和所答难免有些交叉和重叠，但总体而言，还是各有侧重，各有主要话题，这是应该加以说明的。

在我看来，所谓"回到文学史现场"，所谓"历史的真实"，都只是相对而言，都和后人对之的"想象"密切相关。对现代文学史上的某些作家、某些事件和某些作品，学界一直存在不同的看法，这是完全正常的，反之，反而不正常。我只是想通过自己的努力、自己的发掘，提供第一手史料，推动现代文学文献学的建构，从而进一步逼近历史真相，描绘更为全面的现代文学史图景，进而对现代文学史作出经得起时间考验的更为客观的分析和评价。而这些访谈录正可视为其中的一个方面，因为我在答问和对话中坦率地说出了自己的根据和思考。至于是否能够达到浴洋君所引用和提出的"通过研究者和受访者之间的互动而产生知识"，通过访谈产生新的疑问、追索和思想探求，那就要由读者诸君来评判了。

感谢本书所收访谈录的各位访问者，感谢本书主编李浴洋君，感谢为整理这些访谈录做了大量工作的张可可君，也感谢出版本书的我的老合作方——山东画报出版社和负责"无限交谈"丛书的王一诺女士。

是为序。

陈子善

2024 年 2 月 24 日于海上梅川书舍

时阳光明媚，却仍寒风凛冽

目　录

辑
一

谈文学史观

文学史不是要"重写"，而是要"另写"

访谈人：杨青①

杨青：你一直在研究现当代文学，华东师大的中国现代文学史用的是什么教材？

陈子善：据我所知，华东师大中文系中国现当代文学专业本科学生目前所使用的教材，现代文学史是钱理群、温儒敏、吴福辉等先生编写的《中国现代文学三十年》（以下简称《三十年》），当代文学史是洪子诚先生编写的《中国当代文学史》。我是1976年初留校任教的，1979年以后，我校本科生所使用的中国现代文学史教材是1979—1980年间出版的三卷本《中国现代文学史》，由唐弢先生主编，第一、二卷署名"唐弢主编"；第三卷署名"唐弢、严家炎主编"，因为唐先生年纪大了，所以由严先生全面负责这一

---

① 杨青，《深圳商报·文化广场》记者。

卷的统一修改，唐先生最后审定。后来可能在实际教学中发现三卷本篇幅太大，又于1984年出版了经过修改的一卷本《中国现代文学史简编》，简编本我们也使用过一段时间。《三十年》1987年由上海文艺出版社推出初版本时，"重写文学史"尚未提出，但"二十世纪中国文学"已经由黄子平、陈平原、钱理群三位提出了。1988年陈思和、王晓明两位正式提出"重写文学史"的讨论。如果我没有记错，进入20世纪90年代后，我们就使用《三十年》作为本科生教材了。我们觉得《三十年》不但观点有不少可取之处，而且也比较适合教学。

杨青： 很想了解你们学校如何讲现代文学史。

陈子善： 不仅是中国现代文学史，所有的文学史教学，都必须遵循文学作品第一位，文学史教材只能是第二位而且永远只能是第二位这个原则。我的老师钱谷融先生一直十分强调解读作品。他认为只读文学史教材就好比只用一条腿走路。由作品组成的文学史本身是鲜活的、丰富多彩的，文学史教材只能提供线索和编写者的结论。对学生而言，一定要根据教材所提示的线索自己去阅读原著，而不是死记硬背某些结论。

研究文学史，就是在认真研读作品的基础上，探讨作品的成败得失。如果你不去阅读原著，而只背诵文学史教材上的某些结论，那就是本末倒置。也许年轻人"背功"都很好，但学习文学史不是把教材背出来应付完考试就万事大吉了。譬如问学生闻一多的代表作是哪部？答：诗集《死水》。没错，对的。但到底《死水》这部诗集具体内容怎么样，艺术特色又是什么？他未必答得清楚。因此，首先要阅读作品。我们编选了一套《中国现代文学作品选》，钱谷融先生领衔主编，我也参与其事。这样，我校目前教授中国现代文学史有两门课：一门是文学史课（现在称"二十世纪中国文学进程"），一门是作品选课。我们不能仅仅用一条腿走路。一条腿走路，是行之不远的，是要摔倒的。

杨青：你对文学史的研究是从发掘史料入手，特别注重史料的发掘，一直致力于打捞和发掘工作，动机和目的是什么？

陈子善：这就涉及一个比较有意思的问题，即如何看待"重写文学史"。当年提出"重写文学史"，确实具有明确的针对性和重大的学术意义，对原来文学史研究的陈旧框架有一个很大的冲击。接下来要做的工作，就是如何"重写文学史"。在我看来，"重写文学史"至少包含两层意思。第一，是对已经在现代文学史上有定评的作品，特别是一些"经典"，重新加以审视和讨论。当年对《子夜》的重新讨论就是一个例子。当然重新讨论有时也会走过头，你批评某一种倾向可能自己又形成另一种新的倾向，这是另外一个问题。我们对一部作品本来就应该从不同的视角来展开讨论，以前只允许一种视角，现在有两种三种四种，甚至更多的视角，总比一种好吧？虽然各有各的局限和问题，但这是正常的。

第二，是把以前在文学史上被忽略的、没有人关注甚至被遗忘的文学作品重新发掘出来，并且重新作出评价。现代文学史上许许多多有特色有价值的作品，由于十分复杂的历史原因，有的被遗忘，还有的被故意抹杀。比如张爱玲从 1952 年去海外后到 20 世纪 80 年代初被遗忘，文学界和文学史研究界都不知道这个人了，所以她的作品在上海《收获》杂志上重新刊登以后，大家以为又一个"文学新秀"冒出来了。其实完全不是这么回事。

我把自己研究工作的重点放在第二方面。从郁达夫开始，周作人、梁实秋、林语堂、施蛰存、台静农、叶公超、叶灵凤、常风，一直到张爱玲，这些作家以前的文学史都不讲、少讲或加以批判的，我努力发掘整理他们的作品和相关资料，自以为为文学史拾了遗补了缺。当然，重新发掘作家作品，发掘出来不一定就如何如何重要，作品如何如何优秀，也许有很大价值，也许有一点价值，不一定非要写进文学史。有些作家也许进不了文学史，但他的某些作品有重新研究的价值。古代文学研究领域不也这样吗？有些作家进不了文学史，但他的一篇两篇散文、一首两首诗词让大家记住了，但写文学史的时候未必一定会提到他。现代文学史同样的道理，我把它们发掘出来，可能会部分改写文学史，也可能只对某一阶段的文学现象和文学生态的研究有所帮助，都很好嘛！只要我感兴趣的我都会做，但别人做了，已经做得很好了，我就不一定做了。其实不止我一个人，很多研究者都在做这个工作。

现在我主持策划的"海豚书馆"的红色系列（即"文艺拾遗"系列）丛书，就已经推出了宋春舫、梅光迪、熊式一、刘廷芳、徐祖正、熊佛西、徐蔚南、向培良、陈子展、储安平、范烟桥、陈慎言、袁牧之、毕树棠、李影心、南星、沈圣时、姚克、纪果庵、朱英诞等人的作品，包括了小说、散文、剧本、评论等。这些作家，很多人以前都不知道。这一丛书或者发掘出作家的另一面：譬如黄裳，以前只知道他是大散文家，但他早年与黄宗江合作写过话剧剧本《南国梦》；譬如王莹和艾霞，以前只知道她们是电影明星，但她们实际上还从事新文学创作，写过一些好作品；再譬如周鍊霞，以前只知道她是画家，也写旧体诗词，如果文学史讲民国时期的旧体诗词，很可能就会提到她，因为她是女诗人，相对更难得一点，而且写得也好，但她还用白话写过一些新文学作品，小说也好，散文也好，都有特色，如果讲整部现代文学史可能她进不去，但如果讲 20 世纪 40 年代的上海文学史，她可能就进去了。

杨青： 有人说，文学史的写法可以百花齐放，你认为呢？

陈子善： 文学史的写作不必单一，可以多种多样，也必须多种多样、百花齐放才好。抗战胜利以后，蓝海（田仲济）先生就写了一部《中国抗战文艺史》，这是现代文学史上第一部只写某个历史时期的文学史，也很好，前段时间还在台湾重印了。

后来又有人写《中国三十年代文学发展史》，这是按某个时段划分。还有按地域划分的，如《浙江文学史》，有人认为不合适，我却认为也可尝试。更多的是按文体划分的，譬如《中国新诗史》《中国现代散文史》《中国现代戏剧史稿》。夏志清先生的《中国现代小说史》也是按文体划分的，他主要研究小说，不考虑新诗和散文。当然不能说中国现代散文和新诗一点成就都没有，只是他的个人兴趣不在这里。范伯群先生长期致力于中国现代通俗文学研究，就写了《中国现代通俗文学史》。所以，完全可以有体现作者个人学术兴趣的不同的文学史，如果研究者愿意尝试写一部20世纪六七十年代的中国文学史，我认为也完全可以。

杨青： 看来，文学史写作可以不拘于一体。

陈子善： 文学史应该有各种不同的写法、不同的表达，这样才能比较和竞争。当然也要具备某些条件。比如曹聚仁有一部《文坛五十年》，这其实是一部文学史，他以自己个人的经历为线索来写。他本来就是现代文学史的参与者，他用参与者的身份、个人的视角来写文学史，这就非常特别，跟后来的研究者，尤其是集体写作的文学史的写法就不一样。

我以为文学史著作不仅应该包括审美趣味，还应该包括史学趣味。受过史学训练的来写文学史也许写得很特别。而且，写文学史不是学院派的专利。没有人规定文学史著作一定要成为大学教材。如果有位文学爱好者有兴趣写本文学史，说不定会受到大家的好评呢！所以视野要放开放宽。

当代文学史上，《收获》的主编程永新先生写过一部《一个人的文学史》，跟传统的文学史写法又很有些距离。他是就他处理过的那些小说文稿来写，这些文稿的作者在当代文学史上已有定评，他在处理过程中有很多有趣的发现，这也是文学史啊。此外，文学史不一定要全，为什么非要全呢？有的作家我不喜欢、不欣赏，我就可以不写。我对文学史上另外一些作家有体会、有感受，我就专门写他们——如果我觉得他们足以代表那个时代的文学的话。没必要像幼儿园一样，大家排排坐，一起吃果子。

杨青：对理想的文学史的评价也没有一定之规。

陈子善：理想的文学史不是我主观上认为应该有就会有，至少我目前还没有看到，也许今后会有一部相对比较理想的现代文学史著作。事实上，文学史不可能十全十美。哪怕世界文学名著，也不可能十全十美，有的大作家也被批评得体无完肤呢，纳博科夫不就批评托尔斯泰吗？要求一部文学史是理想的，大家都公认的，不太可能。几百年来的文学名著都会受到各种各样的批评，一部研究文学名著的文学史著作怎么可能十全十美呢？有不同意见是正常的，没有不同的意见才是不正常的。

杨青：我采访李陀时，他对夏志清的《中国现代小说史》有不同看法，他觉得这本书是冷战时期的产物，很多东西在翻译时有删节，看到的书和原稿差别很大。

陈子善：我看到了他对夏志清《中国现代小说史》的批评。李陀先生是我尊敬的前辈，也是我的朋友，他提出了一个有意思的话题。写那个时期的中国现代文学史著作，国内也出版了两部，一部是1955年出版的丁易先生的《中国现代文学史略》，另一部是1956年出版的刘绶松先生的《中国新文学史初稿》（上下），都是作家出版社出版的，都做过大学教材，比夏志清的小说史出版时间稍早，但差不多属于同一时期。平心而论，还是夏志清的文学史高明得多。丁、刘两位的文学史，还不如王瑶先生的《中国新文学史稿》。他们两位本来具备较好的写作文学史的条件，丁易还是位作家，20世纪40年代比较有名的作家，可惜同样出于意识形态的原因，这两部文学史的问题很大。所以，如果回到当时的历史语境，如果说夏志清的小说史存在一些问题，我们自己的文学史的不足更是明显的、严重的。直到今天，还是夏志清先生的小说史有启发性，给我们的启发更大更持久。我觉得我们对夏志清先生的小说史应该宽容一些、全面一些，对自己的反思和检讨应该多一些。

杨青：重写文学史最大的难题在哪里？

陈子善："重写文学史"有它重大的历史意义。但现在来讲，我倒是赞成施蛰存先生的意见，他认为文学史不是"重写"，而是"另写"。文学史著作一直在"重写"也即"另写"的过程中，这是个常态。今天再提"重写文学史"似乎已经没有必要，大家早已经形成了共识。假定一个研究者以前写过文学史，他对自己的著作不满意，要重新梳理这段文学史，这就是重写。陈思和先生以前主编了《中国当代文学史教程》，现在修订了，这就是重写。但是别人写不能叫重写。有追求的研究者写文学史肯定要写出别人没有写出的看法。现在的问题在于，很多研究者不是从这个角度思考问题的，而是要完成一个课题或有关方面布置的任务，很多人现在是为写文学史而写文学史，这是最大的难题。

有的高校规定本校教师一定要写文学史，一定要使用本校教师编写的文学史教材，也就是要"重写文学史"，这未必合适。一个文学史研究者如果真正有写文学史的冲动，又做了充分的准备，有深厚的积累，当然可以写文学史著作。现在的问题不是文学史著作太多了，而是好的文学史著作太少了。你以为读者水平都那么低吗？真正好的文学史著作，读者自然会欣赏，会认同，关键的问题是你能不能写出来。

（原载 2015 年 1 月 9 日《深圳商报·文化广场》）

经典的文学可以超越时空

访谈人：陈晓旻 ①

陈晓旻： 陈老师，中国现代文学的成就斐然，尤其是我们浙江出了那么多优秀作家，但是为什么如今却出不了那么多重量级的当代作家了呢？

陈子善： 首先，当代文学在社会上的地位发生了变化，过去没有那么多的信息渠道，而如今电视、电影、网络等对文学是个很大的挑战。其次是文学的表现形式和功能也发生了很大变化。有人问为什么一些优秀的作家后来写不出好东西呢？这是个十分复杂的问题，有多方面的原因。比如有的是自身的兴趣发生了变化，从文学创作转向了研究工作。像沈从文，20世纪40年代末，他的小说创作到了一个停滞点，再加环境发生变化，就转向了古代服饰研究。

---

① 陈晓旻，《宁波晚报》记者。

因此出不了大作家通常是由内因和外因等多重因素造成的。

陈晓旻：您是张爱玲研究专家，您曾经说："研究张爱玲是幸福的，至于别的，就未必。反正，我可不敢做张爱玲的男朋友。"这怎么理解？

陈子善：首先我要纠正：这话我说过，但当时用的词应该是"幸运"而不是"幸福"。因为我从来没有说过幸福。为什么说是"幸运"呢？如果在改革开放之前，也许我就没有机会看到张爱玲那么多的作品，更不用说去研究她了。当然，如果要说"幸福"，任何有价值的心灵的交流、思想情感的沟通都是有意义的，作为研究者难道不觉得是一种幸福吗？

张爱玲的个性比较特别，不太随和，是日常生活中难以相处的那种。也许越有才华的人个性越特别吧。虽然我没有直接跟张爱玲接触过，但是我接触过很多直接跟张爱玲有过交往的人，他们的回忆和感受也证实了这一点。所以我开玩笑说可不敢做她的男朋友，哈哈。

陈晓旻：这些天，宁波也在热销张爱玲的遗作《小团圆》，您怎么评价这部作品呢？

陈子善：确实，张爱玲的遗作《小团圆》引起了许多人的关注。也许我保守，我没想到一部几十年前写的小说能有那么大的反响。在香港、台湾等地，完全可以用一个词来形容：狂销。据我所知，到 3 月底，短短一个月，香港重印四次、台湾重印八次。人人争读

《小团圆》。简体中文版是 4 月 8 日各地同步上市，也是一路畅销，到今天畅销榜还没出来，但也一定是排行第一。不过我关心的是第一的位置能排多久。

其实广告词中说《小团圆》是她的唯一的遗作并不确切，因为陆续还会有她的其他一些没有发表的遗作出来。关于"销毁"问题也值得一说。有人以为张爱玲在遗嘱中提到销毁这部小说，而如今这部小说却还是被发表了，很不尊重当事人。遗嘱是慎重的，有法律效力的，不能随便违背。其实，张爱玲是在 1992 年写给好友宋淇夫妇的一封信中提到过"销毁"问题。该信中除了写明遗产处理问题外，又提到关于《小团圆》小说是否要销毁，还没有细想。也就是说，是否要"销毁"，她并没有作出最后的决定。

所以这不是正式的约束。1967 年，张爱玲寄《小团圆》初稿给宋淇夫妇，当时宋淇写了六页纸的复信，认为这作品不能公开，其中一点理由就是：读者看了，不会注意其文学价值，只会认为作者是在写自己的经历，并可能引起非议。但如果要照宋淇的意思修改，张爱玲觉得难度非常大，她自己犹豫了很久，还是没改。

我认为作家的作品一旦完成，就有了独立的生命。我看过《小团圆》六百多页的手稿。看得出来，这是她在很兴奋的状态、灵感到来的时候创作的一部完整的艺术品。西方是很重视手稿研究的。卡夫卡当年告诉朋友，在他死后把自己的手稿通通烧掉，但是他的好友同样舍不得，还是保留了下来，终于让我们有幸认识了一个完整的卡夫卡。同样，将张爱玲的手稿公之于众，对于研究张爱玲也非常重要。从"张学"研究角度而言，这是了解张爱玲创作历程如何变化的重要参照，所以《小团圆》的面世并不属于违规出版，而是对历史负责。从这点来说，我们要感谢宋淇先生和宋以朗先生，让我们看到了张爱玲晚年最重要的一部长篇小说。

从内容上来说，《小团圆》里的九莉和张爱玲本人的遭遇、情感变化很接近，所以九莉的原型被看作是张爱玲本人。但这部小说不是自传体小说，而是一部"影射的和自白的"小说。虽然写的是同一段恋情，张爱玲写的是《小团圆》里的九莉和邵之雍，胡兰成写的却是《今生今世》里的张爱玲和胡兰成。所以，张爱玲到底还是一个小说家。作为家族内容的小说，还在于它对时代和人物心理的生动刻画。

陈晓旻：从中国文学史的角度您会怎么给张爱玲定位？您觉得张爱玲的文学作品对现代文学、当代文学的影响是什么？

陈子善：她开启了五四新文化运动以来新的写作走向。另一个走向是鲁迅等其他作家先行开启的。也许有争议，但是一种新的尝试从张爱玲开始了。这跟她的家庭有关，尽管内容主要是男女之间爱情、婚姻等题材，但她其实写出的是对所处的这个世界、这个社会的认识。如果仅仅局限于男女，那对张爱玲的理解就太狭隘了。她写的生活，到今天为止，我们感到还是比较接近，倒不是生活场景比较接近，而是所反映的人性本质的东西跟今天还是很接近。她对人的情感的描述，比如战争时期人的感受的描述，有她独到的一面，所以在当时，很多读者都很感兴趣。今天的人们仍然对她感兴趣，我想这是其中一个重要的原因。而且她写的是日常生活，不是宏大的叙述，可能一般的读者感到比较亲切，比较贴近他们的生活。

张爱玲的影响早就开始了，从20世纪40年代至今，很多人都在吸收或者模仿她的写法。比如台湾的白先勇、朱天文、朱天心等就被称为"张派"作家，大陆的如王安忆、须兰、苏童等的作品，也或多或少有着张爱玲的影子。当然有的作家也许自己不承认，这也很正常。而有的像须兰就明确地说自己是受张爱玲的影响。我认为在文学创作中，受前辈的影响没什么不好的。

陈晓旻：夏志清编写的《中国现代小说史》中，他的观点是张爱玲的小说代表了中国现代小说的最高成就。而鲁迅尽管在现代中国小说中占有经典地位，但是，他认为鲁迅缺少一个优秀小说家所需要的虚构能力和创造能力。您认同吗？为什么？

陈子善：我认为这样比较是危险的，文学不是体育比赛，可以比出一个冠军，文学不是为了比名次。夏志清先生的评价很有参考价值，他是第一个对张爱玲的小说给予如此高评价的人。确实，张爱玲不仅拥有卓绝的文学天赋及中国传统文学的扎实根底，在文字的表现上也有着强烈而独特的个人风格，意象繁复、人物性格鲜明，对男女爱恨的冲突情绪尤其能精确掌握。但对于夏先生认为张爱玲的小说代表了中国现代小说的最高成就，我认为这是可以讨论的。

陈晓旻：您的研究生涯是从研究鲁迅开始的，后来为什么会致力于发掘在传统文学史意义上比较偏门的作家和作品？

陈子善：传统的文学史说到底是一种学院体制的产物，由于意识形态、偏见等种种因素，往往会遮蔽一些有趣的东西，但人们希望了解真相，了解过去发生的事情，我所做的工作就是试图还原文学史的真实性、丰富性、多样性，我的职责就是要把中国文学自"五四"之后的发展脉络梳理出来；另一方面，对中国现代文学史研究而言，"一线"作家的研究已经做得相当深入，当然仍可继续拓展，但"二线"乃至"三线"作家的研究却还相当薄弱，所以我就把兴趣放到了对被遗忘、被忽视的作家作品的挖掘、整理和研究上。

陈晓旻：今天还是有很多人在读鲁迅、研究鲁迅。在您看来，究竟要怎样读鲁迅才能读出他的真意义？

陈子善：经典的文学是可以超越时空的，就看你怎么读，从哪个角度去读。我每隔一段时间总会去读读鲁迅的两篇文章——《记念刘和珍君》《为了忘却的记念》，是写他几个年轻的学生的，写得太好了，那么深刻，充满了鲁迅的正义感和社会良知。鲁迅不管在中国现代文学史上还是中国现代文化史上都是绕不过去的一个重要人物，他的作品是我们巨大的精神财富。

陈晓旻：现在的书越来越多，多得让人无从选择。在您看来，一本好书的标准是什么？

陈子善：我觉得大致应该有这么几个基本条件吧：一是原创的，不是拼凑的；二是独立思考的、有真情实感的，不是人云亦云的；三是至少该书在所涉及的专业范围内受到同行关注，而不是虽然列为这个重大项目那个重大项目、获得这个大奖那个大奖，却仍然无

人问津的；四是经得起时间检验，而不只是一时畅销的；五是装帧
与内容相匹配的。

陈晓旻：有人说"现代文学史需要重写"，您觉得呢？您如何
给"文学经典"定位？

陈子善：可以说不同的人去写"现代文学史"会有不同的面貌，
每个人都在用自己的理解方式更新着，并不断重写着现代文学史。
事实上，文学史从来就不是一成不变的，有些从前是"经典"，但
随着时间的推移，其地位就显得不那么重要了；有些本来是被遗忘
的，后来却渐渐成为"经典"。我现在做的事情就是，先把一些不
应该被忽视但事实上却被忽视了的作家、作品提出来，然后再去讨
论其在文学史上的地位是否应该被重估的问题。

（原载 2009 年 4 月 18 日《宁波晚报·三江访谈》）

把"无"说成"有"是"历史虚构"

访谈人：魏鼎 [1]

魏鼎： 无论是上海书展还是深圳读书月期间，都能看到您的身影，您还常年担任深圳读书月"年度十大好书"的评委，除了在大学教书、写书，还要在形形色色的文化活动中担任嘉宾，您也是蛮拼的。

陈子善： 倒也不是拼，就是觉得蛮好玩的。一年一度的上海书展都要推新书，很多新书都是我朋友写的或编的，能配合的尽量配合。深圳读书月"年度十大好书"评选，我也是老评委了。我觉得举办书展和评选好书毕竟是出版界、读书界的盛事，总要躬逢其盛，对不对？我现在的精力还可以，再过十年八年，走不动了，也就没办法了。一方面我可以借这个机会凑凑热闹，一方面也可以观察观

---

① 魏鼎，《晶报》记者。

察读者，很多读者逛书展未必买书，跟他们聊聊也蛮好的。

我当然也有书斋型的一面，我也可以天天泡在图书馆里：早上钻进去晚上走出来，好像是进入了一个时光隧道，回到了以前某个历史年代。可是一旦朋友找我帮忙，我就爽快地答应，帮了一次，朋友就又会来找我。我基本上不大会拒绝，能帮人家一下就帮一下。

魏鼎：有时候会不会觉得自己面皮软，太好说话了？

陈子善：现在有时候还真有这种感觉，觉得每天安排得太紧张了，本来应该张弛有度、轻松一些。可书展和评书毕竟是特殊情况嘛，在书展上待个三四天，然后就在家里休息了。不过，参加文化活动并没有影响我做自己的事，我还在华东师大教书，此外还在编一本学术刊物：《现代中文学刊》。我的日常工作主要分为三大块：一是我的教学，虽说年龄大了，每年也要给研究生开课；二是我的编辑工作，就是这本《现代中文学刊》；三是我自己做研究、写文章。在此之外，我还参加朋友们张罗的各种文化活动，这跟前面说的三大块不能说没有关联。

魏鼎：您曾说您正好赶上改革开放伊始，彼时那些文坛前辈很多人还健在，您有机会跟他们接触，向他们请教。我好奇的是，那个政治运动此起彼伏的年代给您留下了什么记忆？

陈子善：那场浩劫爆发的时候我是高中一年级的学生，现在有些年轻人对那时非常向往，我觉得很荒唐。那场史无前例的浩劫将一些政治空想加诸所有人身上，将一个简单的政治方案，实施在一个复杂的多元有机体之上，太浪漫主义了。如果说这只是某个人的浪漫主义，倒没有太大问题，但在那么大范围内实施它，代价就太大了。人是丰富多样的，你要按照一个标准改造千千万万的人，这可能吗？一万年以后都不可能。就好比给阅读设置禁区这件事，怎么可以给阅读设置禁区呢？没有谁可以剥夺别人阅读的权利，哪怕别人辨别是非的能力没有你高，也不能禁止别人读书啊！

那场浩劫开始时，我本来也申请加入红卫兵，可是我班级的红卫兵头头就是不批准我加入，说我出身不够好，条件不够好。我父亲在新中国成立前是国民党盐务局里的一个小公务员，当时老百姓吃的盐都由政府专卖。他本来在南京工作，国民党撤退到上海，他跟到上海，国民党再撤退去广州，他不去了。他不愿离开家乡，觉得新政权也不会把他怎么样。可是问题很快就来了，因为他新工作的工厂的老板请他做过代理厂长，他虽被定为"职员"，但当过"资方代理人"，有着资产阶级的思想。"老子英雄儿好汉，老子反动儿浑蛋"，所以我想加入红卫兵却加入不了，只好在家里老老实实待着。我的同学纷纷出去串联，我很羡慕。他们问我去不去北京，我说我没有红卫兵袖章，他们说没关系可以借我。于是我戴着借来的袖章，冒充红卫兵，去北京见到了毛主席。

魏鼎：当时您在同龄人之中思想算是激进的还是随大流的？有没有一点"异端的思想"在潜滋暗长？

陈子善：我思想并不激进，基本上属于随大流一类。我在当时毫无疑问地钦佩毛泽东。但有一条，我不喜欢样板戏，我喜欢听古典音乐。当时我有个同学在学拉小提琴，我们就偷偷听古典音乐。如果把样板戏和贝多芬同时摆到我面前，我当然选择贝多芬了。样板戏怎么可能超越贝多芬呢？我也不承认那几部样板戏的质量好到哪里，即使喜欢看《红色娘子军》，看一次觉得不错，看第二次第三次就不想看了。你不得不承认"资产阶级"创造的文化很厉害，是经过时间淘汰沉淀下来的东西。列宁有一句话讲得对："只有用人类创造的精神财富丰富自己的头脑，才能成为真正的共产主义者。"

魏鼎：1978 年以前，虽然是"阶级论""等级制"在操控着阅读领域，一些经典名著被视为"封资修"的"大毒草"，但是对读书这件事的重视和对读书人的尊重在民间并未中断。

陈子善：没错，这就是民间的力量，农民也知道不读书不行。我讲个亲身经历的事。我到农村插队落户的第三年，大队书记找我谈话说："老陈，我们决定调你到小学当老师，因为你在你的同学当中读的书比较多。"这位书记还请我到他家里吃饭，他说："我们农民就讲'天地君亲师'，老师排在第五位。"他说自己无论如何也想不通知识青年为什么要向贫下中农学习。其实，我也想不通，不能让所有人都去当农民，也不能让所有人都去当工人，或者都去做科学研究吧，社会发展到一定阶段，必须有分工啊。

魏鼎：那是不是可以说，中国基层社会的宗法制传统是一切"好东西"和"坏东西"的源头活水？

陈子善：宗法制的确有一定的合理性，它让基层社会具备了一定的自我调节功能，但是我也不赞成把宗法制说得特别好。宗法制社会特别重人情，人情这个东西在现代社会里很可怕，所以说宗法制是双刃剑。你不得不承认，很多官员贪污腐败，人情的因素在其中扮演了重要角色。人情在一般的人际交往中都会成为负担，比如你同学结婚了，你跟大家一起去祝贺送礼，囊中羞涩也要强撑面子，而且多半会想自己不结婚就亏了。这种国民心理在官场民间随处可见。

有人说，此种国民心理既是国民劣根性亦为活力所在。可是这种活力也很奇怪，今天一个中国人在美国生活，拿到诺贝尔奖，也不算是中国的荣誉。他要想在国内得个诺贝尔奖，却难上加难。很多人留学归来，本来应该发挥更大的作用，却很快被权力和金钱收买了，既然被收买了，他们肯定为"金主"说好话，从而丧失了全部的反思性和批判性。

魏鼎：国内这些年兴起"民国热"且经久不衰，您如何看待这个现象？

陈子善：我个人认为，我们中国人对过去的朝代都特别感兴趣，不仅仅是"民国热"的问题。在某种程度上，民国是被妖魔化的，不是太好就是太坏。无论是把民国说得一无是处还是说成"黄金时代"，我都不赞成。因为那不符合现实嘛。毕竟民国取代了清朝，清朝取代了明朝……你不能说清朝和明朝比民国更像黄金时代。现在的影视剧把康雍乾三位皇帝捧上了天，好在还没有把孙中山、蒋介石捧上天。从这一点上来讲，毛泽东说"数风流人物还看今朝"，还是有道理的。我们看待民国那段历史要具体问题具体分析。

现在的问题一方面是妖魔化一段历史，另一方面是历史虚无主义或虚构主义。什么是历史虚无主义？这个问题其实很简单。如果今天德国人不承认希特勒的罪行，就是历史虚无主义；如果日本人不承认当年的侵华行径，就是历史虚无主义；如果我们不承认国民党在抗战中所起的重要作用，也是历史虚无主义。简言之，把有的事情说成无，就是历史虚无主义；把没有的事情说成有，就是历史虚构主义。

魏鼎：作为"张爱玲的男朋友"，请您说说张爱玲的魅力何在，何以几代知识精英共同膜拜这样一位女性作家？

陈子善：（笑）其实一直以来都存在不喜欢张爱玲的声音。我正在编一本书，是关于张爱玲成名以后文学界对她的评价，有喜欢她的，也有不喜欢她的，争议始终存在。那为什么后来的知识界觉得她犹如横空出世呢？这还是人为造成的。如果内地很早就允许张爱玲的作品出版发行，大家就不会那么惊讶，不会在改革开放以后连阿城这样的作家都不知道张爱玲，至少不会以这样的强度表现出来。

魏鼎：过去文学史家和批评家着重关注张爱玲在小说创作方面的成就，可是近来人们似乎开始意识到张爱玲在政治上有某种"先知先觉"。

陈子善：她在"自传"中说自己继承了五四的传统。我写过一篇文章，专门探讨张爱玲和鲁迅之间的关系，很多人认为这两个人完全不搭界。的确，十分可惜的是，鲁迅去世早，没有看过张爱玲的作品，假如鲁迅看到她的作品又会作何评价？这个问题很耐人寻味。可是，张爱玲对鲁迅的作品却是看了很多。经过仔细爬梳，我们发现她曾多次提及鲁迅，好像是在不经意之间提到的。她好像很忌讳公开承认看过谁的书，她公开承认看过的只有《红楼梦》和张恨水，外国则是毛姆等少数几位。她确曾在文章中引用过鲁迅，可她接近鲁迅的方式跟别人不一样，因为一般人关注的她不关注，一般人忽略的她却不放过，而且往往是从鲁迅的角度去理解。

　　魏鼎：正如您所说，张爱玲在不同程度上继承了两个文学传统：一个是传统文学的脉络，一个是五四以后白话文学的脉络。可是张爱玲对这两个传统的继承却不容易辨认，她并没有模仿古典小说的形式。

　　陈子善：她是内在地继承。比如你想想看，《红楼梦》写了一个大家族，张爱玲的《小团圆》实际上也写了一个大家族。她写她的母亲、她的姑姑、她的恋人，不就是在写一个家族吗？包括中国现代文学当中的很多作家都在写一个家族，巴金的《家》、曹禺的《雷雨》、茅盾的《子夜》不都是在写一个家族吗？

　　魏鼎：为什么人们对张爱玲的私生活如此好奇，甚至有一种窥探的欲望？

陈子善： 这主要是胡兰成误导的。胡兰成很聪明，他把张爱玲纳入自己的叙事框架中去，这是他的聪明之处，或者说是狡猾之处。以前很少有人这样做，跟以前的情人闹翻了，还把她写得那么好。这很少见。胡兰成当然知道张爱玲的文学价值，所以他把她说到天上去，胡的文字又很特别，读者也就自觉不自觉地被他牵着走。其实胡兰成只写出了一部分，很多张爱玲的生活他并不知道。

魏鼎： 张爱玲从少女时代就被视为天才，当您通过研究如此接近她以后，还认为她是个天才吗？

陈子善： 确实是个天才，这毫无疑问。从她念大学的时候写的《天才梦》一文，我们就可看出这一点。在这个年龄，极少有人能写出这种文章，说她是天才是没有问题的，否则你就无法解释她如何在两年不到的时间里写了那么多精湛的作品。她在1943年下半年到1945年上半年，一口气写出《金锁记》《倾城之恋》《红玫瑰与白玫瑰》《封锁》这些作品，就像火山喷发一样，如果不是天才是解释不了的，一般作家写个一两部作品就很不容易了。

她的起点很高，像莫言、贾平凹这些作家，都是慢慢到达一个制高点，张爱玲几乎是一步就到了制高点。也正因为一步就到了制高点，人家对她的要求也很高，因为她已经站得那么高了，别人总认为她以后的作品应该更好。

魏鼎： 张爱玲本来是一个远离政治的人，可她的作品以及她本人却一直"被政治化"，这恐怕是晚年作为"隐士"和"预言家"

的张爱玲无法回避更无法预言的一种命运。

　　陈子善： 没错。张爱玲正好是那个时代造成的，当那个时代过去，她就遇到了很大的挑战。尤其是抗战胜利后，她和胡兰成的关系让她的处境有点尴尬。张爱玲和胡兰成年龄相差比较大，而且后者在政治上有那样一个明显的污点，我常常开玩笑说，还是左翼没眼光嘛，如果左翼知道张爱玲是有发展前途的，应该派一个有才华的美男子左派跟她结合。其实我曾在文章中反复强调一点：是共产党地下组织把张爱玲捧出来的。张爱玲自己都觉察到了。张爱玲的大部分小说发表在由共产党情报人员控制的《杂志》上，《杂志》编辑部里的人都是共产党或者亲共产党的，属于潘汉年那个系统。他们很有眼光，决定推一个文学新人出来，张爱玲最合适。张爱玲也是在抗战胜利以后才知道这个情况。

　　　　　　　　　　　　（原载 2016 年 1 月 16 日深圳《晶报》）

回到历史原点

——就"中国近代文献保护工程"答记者问

访谈人：徐霞鸿①

　　徐霞鸿：凝聚了您多年研究心血的《中国现代文学文献学十讲》已经出版。那么，中国近现代文献的价值到底在哪里？在现当代文学视域下，文献学这一传统学科究竟该如何焕发出新的活力？

　　陈子善：近现代文献的价值在于，帮助我们认识过去的那个时代。文学作品就是那个时代生活的一个形象的反映。我们对过去的那个时代，有很多理论的概括和阐述，但是文学有它的特殊功能，通过它塑造的人物形象、表达的情感来反映那个时代，更加真实、完全。

　　因为那个时代比较特殊，所以近现代文献也有自己的特殊性。

---

　　① 徐霞鸿，《绍兴日报》记者。

这些文献需要梳理、分析、研究。浙江"越生"做的"中国近代文献保护工程"就是一个颇具规模的整理、出版工作，这个工作为我们的分析、梳理、研究，提供了一个基础。没有这个基础，我们的研究工作就不能很好很深入地开展。

专家的研究要与读者的阅读结合起来，使研究成果对于读者观念的改变、认识的改变，起到一定的启发和推动作用。当然，如何普及是学术研究普遍面临的难题，不仅仅是文学研究的问题，其他如哲学研究、史学研究，都面临同样的问题。

比如最近热播的电视剧《觉醒时代》。五四新文化的兴起，通过电视剧的演绎，是一个比较好的普及方式。如果体现在当时的文字上，那么就是近代文献了。这个电视剧在史实上还存在着一些问题，或者这只是编剧对那段历史的阐述。但是它的热播，引起人们对那个年代的关注。那段历史的文献记载到底怎样呢？当你回到原点，就会发现历史远比电视剧更复杂、更生动、更精彩。当你看了电视剧之后，再去看当时的文献，也许就会感觉到两者间还存有距离，不小的距离，就会有进一步的思考。

徐霞鸿：在中国近现代文献研究中，绍兴占据怎样的分量？应该有怎样的担当？

陈子善："半壁江山"不为过。光是周氏兄弟，贡献就是巨大的。还有许寿裳、孙伏园、孙福熙、许钦文等，还有柯灵，都是绍兴人。如果说浙江作家在近现代文学中的地位在全国是独一无二的，那绍兴作家在浙江也是独一无二的。

对于绍兴来说，目前正在实施的"中国近代文献保护工程"，不仅是一种传统的继承，也是一种历史的担当。绍兴能做这样一个文化积累的工作，非常有眼光。

徐霞鸿：您是因为参加《鲁迅全集》的注释，才走上文学领域的研究道路。您能否谈谈对鲁迅的理解？

陈子善：参加《鲁迅全集》的注释工作，在某种意义上决定了我后来所走的学术道路。当时我负责的是鲁迅 1934 年至 1936 年写给朋友、学生的书信。

四十多年前，我就来过绍兴，去看鲁迅故居、三味书屋、百草园。此后，我无数次地来过这里，有时自己来，有时陪朋友来，有时带着学生来。当时绍兴鲁迅路口建造鲁迅铜像，我还捐了款。钱不多，但是一份心意。

怎么理解鲁迅？这是一个很大的题目。我只能讲，鲁迅是丰富的、多样的、深刻的。我们对于鲁迅精神的把握，不能只限于某个方面，要力求比较全面地把握它。鲁迅是一个很可爱的人，他也有很大的脾气，很倔强。我们应该呈现一个完整的、丰富的、多样的鲁迅。

今年（2021 年）是鲁迅诞辰一百四十周年，有许多问题我们可以重新梳理。比如《狂人日记》是怎么诞生的，还是有很多研究的空间。因为那是一个时代的产物，研究时千万不要把鲁迅孤立起来。鲁迅为什么会写《狂人日记》？当然，有写作的冲动，但是，不要忘记钱玄同的努力。如果不是钱玄同不断地催促，鲁迅会不会写呢？这就是一个疑问。虽然后来鲁迅与钱玄同搞得不太愉快，但是在这一时段里，钱玄同是起到巨大作用的。还有鲁迅第一部小说集《呐喊》的出版，离不开孙伏园的努力。

徐霞鸿：您的研究生涯从研究鲁迅开始，后来致力于发掘、研究周作人、张爱玲，他们都不是传统意义上的主流作家。您这么做的价值和意义在哪里？

陈子善：我的研究可以分成两类，一类是从鲁迅延伸出去的。比如我在研究鲁迅时，发现浙江有一位作家与鲁迅关系一直很好。这个很有意思，鲁迅一生有很多朋友，有一些在某一段时间关系很好，后来就闹翻了，比如鲁迅与林语堂。但是鲁迅与郁达夫却一直很好，而且郁达夫是创造社的，鲁迅是文学研究会的，这两个新文学团体本来是互相对立的。鲁迅与郁达夫两个人很谈得来，经常一起喝绍兴酒，关系很密切。于是我就开始研究郁达夫了，为什么创造社很多人都和鲁迅翻脸，他却没有？然后，我在研究郁达夫时，发现他有个好同学，叫徐志摩。就这样，像滚雪球一样，可研究的慢慢地越来越多了。再比如研究鲁迅，或多或少肯定要涉及他的弟弟周作人，他们在一起生活了那么久，两个人像一个人一样，虽然后来闹翻了。我对于周作人的研究，也就是这么开始的。

另一类就是海派作家。我是上海人，无论鲁迅、郁达夫，他们都在上海生活过。关注张爱玲，也是因为她是海派作家。当然，张爱玲的作品也是对五四新文学的一个补充，或者说某种纠正。

此外，我认为，当时对不少作家的判断是缺乏说服力的。主流文学史对某些作家的评价，从某种程度上来讲，是不公正的。我们要重新恢复他们的历史地位、历史价值。文学史从来就不是一成不变的，不能以单一的标准来衡量一个作家的作品，要百花齐放、百家争鸣。

徐霞鸿：去年，您历经六年收集、整理与考订的新版《周作人集外文》上卷正式出版。您在研究过程中有何新发现？接下来还会继续研究周作人吗？

陈子善：研究周作人其实是偶然的。我这个人，年轻时比较好事。当时，新加坡有一位研究汉语修辞学的著名学者，叫郑子瑜。他到复旦大学开会，因为他与郁达夫是忘年交，所以我去拜访他。他是第一个编集出版郁达夫旧体诗词的人，我是研究郁达夫的，所以我去向他请教。聊天中，无意说起，他手头有一部周作人的旧体诗稿《知堂杂诗抄》。当年周作人寄给他，希望他在海外安排出版，却一直没有机会，放在他手头有几十年了。他问我，现在中国改革开放了，能不能在国内出版。于是，我就把这部诗稿推荐给岳麓书社的钟叔河先生，后来就出版了。

后来，钟叔河先生问我，有没有兴趣做《周作人集外文》。我就开始做这件事了。这次是在当年的基础上，与赵国忠先生合作，进行新的增补。新增的内容很多，比原来增加了30%到40%。这次新版出版后，我们又发现了一些新的内容，以后还可以再增补。关于周作人的研究还要继续，我们现在只编到1945年为止，接下来还要编从1946年到1965年他去世前这一段时间的。这里面的内容非常丰富，有很多文章都写到绍兴，写到绍兴的吃、风物、历史人物。越是年纪大，周作人的乡愁越是浓郁。他和鲁迅一样，晚年没有回过绍兴。离家越久，对家乡越是想念，普通人都是这样，作家更加敏感。

徐霞鸿：您对张爱玲研究的成果，数不胜数，有人将您称为"张爱玲的男朋友"。您为什么那么喜欢张爱玲呢？您认为自己对张爱玲的研究中，最为突出的成果是哪一些？

陈子善："张爱玲的男朋友"？这是戏谑。我研究张爱玲确实时间比较长。不能说那么喜欢，就是觉得很好玩。张爱玲这么一个作家，我们对她还有很多不了解，这是有问题的。既然有那么多人喜欢张爱玲，那么张爱玲的文学道路是怎么起步的？她的文学历程是怎样的？这些都应该搞清楚。

当时，我在上海图书馆一查，就查到了她中学时代的作品，比如短篇《霸王别姬》《牛》。她写历史题材、写农村题材，她在中学时就写小说了，她是天才。她很有才华，我把她年轻时候的作品都挖掘出来了。因为各种各样的原因，她出名以后，很多作品都没有被收集，我就把这些作品收集起来。这些作品的"出土"，为我们全面研究张爱玲提供了新的材料。

我自己倒不是"张爱玲迷"，但是我觉得应该让更多的读者、研究者，知道一个完整的张爱玲。我的研究，就是不断地发现张爱玲集外的作品，呈现一个更加完整的张爱玲。近期，我马上要出一本新书，叫《不为人知的张爱玲》，里面介绍她翻译的小说《冰洋四杰》，还有她的散文《不变的腿》，都是新发现。

徐霞鸿：您与柯灵之间的关系相当密切，也是因为张爱玲吗？您在纪念柯灵先生的一篇文章里写到，从 1978 年开始，您多次去拜访他。能不能谈一谈，您和柯灵先生之间的交往？

陈子善：我认识柯灵是在研究张爱玲之前，具体哪一年我也记不清了。他是上海文坛的前辈，我经常去他家请教。每次去都是下午三四点钟，然后到五六点钟离开。他很客气，很关心后辈，常常对我讲起他的创作历程，还告诉我不少现代文坛往事。

后来，张爱玲成为一个话题，我跟他之间就会经常谈到张爱玲。张爱玲的作品，比较早地在他编的《万象》杂志上发表。对于张爱玲作品的发表和传播，他是有功劳的。

我们是忘年交。柯灵最早写的儿童文学作品，我帮他查找出来，他自己都记不清了。20 世纪 90 年代，我在台湾出版的第一本书《遗落的明珠》，就是请柯灵写的序。

他有些工作上的杂事，也经常交给我去做。当时通信还不发达，他女儿在我们学校读书，就让他女儿带话，喊我过去。比如帮他复印一些文章，借阅一些书，收集一些材料等，帮他跑跑腿，接待一些客人。

徐霞鸿：生活中，您是一位爱书之人，也是一位藏书大家。在您看来，一本好书的标准是什么？能否给绍兴的读者推荐几本好书？

陈子善：阅读无处不在。有人喜欢旅游，这就是在读一本自然的大书。不要把阅读局限在书本。广义的读书，就是人生。包括你接触了一个陌生的事物。你认识陌生事物的过程，就是一种阅读。手机上的"碎片化"阅读，某种意义上也是好的，比如有一段话虽然简短，但可能很深刻。也许有的人就是比较适应这样的阅读方式，那有什么不可以呢？

所谓好书，是因人而异的。读书要读适合自己的书。同时，也需要有眼光，来挑选适合自己的书。关键在于内容，读了以后，可以陶冶情操、开阔眼界、有所得的，就是好书。不要把阅读看得过于高深。

我不太推荐具体书籍，但如果你能读一些世界文学名著，总不会吃亏。那么多人公认的世界文学名著，肯定有值得读的理由。当然，如果你觉得莎士比亚离我们太远了，不喜欢看《红楼梦》，那也没关系，不要局限在某一本书。

对于绍兴人，我觉得鲁迅的书总要读一点。如果觉得鲁迅的杂文难懂，那可以从鲁迅的散文入手，比如《朝花夕拾》。还可以读他回忆人的文章、他的一些小说，那些比较生动，或者读一些绍兴题材的，你总会感到比较亲切。

徐霞鸿：两年前，华东师范大学为您举办了荣休仪式。您现在的主要精力放在哪里？最近有没有新的研究成果？

陈子善：两年前，我七十周岁，正式办理了退休手续，但还在为校方编辑一本学术刊物。退休后，做得最多的事情就是看书、写文章。文章是写不完的，只要我还有精力，会一直写下去。目前，我正在写一部关于巴金的书，叫作《小说巴金》。叫"小说"，是因为我谈的都是一些微观的问题，很少为人注意的问题。我有一个"说"系列，《说徐志摩》《说郁达夫》都已经出版了。但这次我感觉书稿的分量不太够，就用了"小说"。另外，我还和上海图书馆研究馆员张伟兄合编一个丛刊，叫《海派》，将由上海大学出版社出版。

（原载 2021 年 3 月 24 日《绍兴日报》）

拨开迷雾，重新审视

访谈人：彭国梁 [①]

彭国梁：子善兄，你是海上著名的"大编家"，在中国现代文学和台港文学的钩沉与研究上作出了卓越的贡献，这是学界公认的，现就这几个方面和你随意地聊聊。首先想问的是，你怎么从一开始就把研究的范围锁定在这两个方面呢？

陈子善：很高兴与你交流。我从事中国现代文学研究纯属偶然，不消说，偶然中也有必然。1976 年 1 月，我在上海师范大学中文系培训班毕业留校任教，被分配在写作教研组，还到安徽阜阳地区从事过"写作"函授教学，所以我的大学执教生涯是从教授"写作"开始的。我后来越来越怀疑这"写作"是否需要教授，古今中外，有几位作家是"写作课"教出来的？当时教了一段时间"写作课"

---

① 彭国梁，作家，画家，中国作家协会会员。

后，上海师大中文系鲁迅著作注释组需要增加注释人员，大概考虑到我 20 世纪 70 年代在插队落户时已写过一些关于鲁迅的文章（约有六七篇，均署名"智洪"发表于《江西日报》。对这些文章，我当然是"悔其少作"），就把我调入。这样，我踏上了中国现代文学研究的漫漫长途。

也许是注释鲁迅书信的熏陶和影响，我的现代文学研究从一开始就侧重于对史料的发掘、考证和整理。我一直认为这是最基本的工作，对作品的解读和对文学史的阐释可以各抒己见，但史料的真伪是首先必须弄清楚的。改革开放以后，中国现代文学研究逐渐摆脱只能研究鲁迅的束缚（毫无疑问，"鲁迅学"至今仍是中国现代文学研究的重中之重，然而，研究中国现代文学，毕竟不能只研究鲁迅一人）。研究者越来越认识到一部中国现代文学史，其实是群星灿烂、丰富多彩的，他们的研究视野不断拓展，研究对象也不断扩大。我注意到 1949 年以后到台湾、香港的不少现代作家，对后来台港文学的发展都产生过程度不同的影响，如台湾的梁实秋、叶公超、台静农、黎烈文等，香港的曹聚仁、叶灵凤、徐訏、林以亮等，所以我就致力于对这些到了台港的现代作家的研究，以期对他们的思想和创作有一个全面的把握，对现代文学史有更深广的认知，这也就是我关心台港文学的初衷。

彭国梁：你曾说因为众多的历史教训，使你不大相信事后编辑出版的各种作家选集、文集、全集和合集，能否举例具体地说说？

陈子善：这方面的例证太多了，举不胜举。20 世纪五六十年代出版的现代作家的选集、文集这方面的问题尤其严重。那时除了鲁迅，别的作家还没有资格出版全集，郭沫若、茅盾、叶圣陶、巴金，包括已经去世的郑振铎都只能出版文集。1956—1958年出版的《鲁迅全集》不也有删节吗？对鲁迅尚且如此，其他作家就更不用说了。现在已有研究者在这方面写出了研究专著（可参看陈改玲著《重建新文学史秩序：1950—1957年现代作家选集的出版研究》）。20世纪80年代以来，现代作家出版全集、文集的一批又一批，但从文献学的角度视之，可以作为可靠的文本进行研究的似乎不多。《沈从文全集》是编得比较好的，还是有遗珠之憾。更大的问题是不尊重历史，甚至歪曲历史，任意改动、删节，比比皆是。不已有论者根据《老舍文集》的错漏写出好几部专著了吗？作者本人、作者家属以至编者都自觉不自觉地"为尊者讳，为长者讳，为死者讳，为政治讳"，再加上还要遵从当下的所谓"出版规范"（譬如当时的一些特殊用语、方言和不合今天规范的字词用法都要修改之类），全集、文集本来主要就是提供给学者研究的，这样编选出来的全集、文集，怎么能在研究工作中放心使用呢？因此，我绝不轻信，只要条件许可，宁可去查找原刊。

彭国梁：钱锺书先生曾戏称你的工作是"发掘文墓"和"揭开文幕"，你到底发掘了多少文墓和揭开了多少文幕呢？可否试举一二例说明？

陈子善：钱锺书先生的话是对陈梦熊先生说的，不是对我，不敢掠美。不过，我也的确在"发掘文墓"和"揭开文幕"方面竭尽全力，现在仍在继续从事这方面的工作，如对周作人集外文的查考；对张爱玲早期佚文的发掘；对梁实秋、叶公超、叶灵凤、邵洵美、陈梦家、林以亮作品的整理；等等。我编选的现代作家的作品集已有近百种了，其中相当部分是属于"发掘文墓"的。钱锺书先生到底是大家，"发掘文墓"和"揭开文幕"其实是两回事，我更感兴趣的是前者。对后者，有些大概只能作为茶余饭后的谈助，不一定能形诸笔墨的。

彭国梁："张爱玲热"在大陆真正兴起的具体时间是什么时候？这股热潮你是功不可没的，可以说，除了夏志清，你也是"始作俑者"之一，请谈谈那把火是怎么点燃的？

陈子善：早在20世纪80年代初，张爱玲就开始为国内的现代文学研究者所注意了，尽管那时的各种文学史著作都不提她的名字和作品。柯灵先生的《遥寄张爱玲》"一石激起千层浪"，首次提出我们必须正视张爱玲、重评张爱玲。1987年我发现张爱玲的中篇小说《小艾》，在台港文坛引起"张爱玲震撼"，但在内地反响并不大，时机尚未成熟也。真正的"张爱玲热"是在1995年张爱玲逝世之后才开始的，随着张爱玲佚作佚函的不断发现，一波接一波，至今未衰。这就应了柯灵先生的预言，真正有艺术成就的作家是不可能被长期埋没的。在"张学"史上，夏志清先生是在文学史著作中评论张爱玲的第一人，其作用和影响是无人可比的，我只是做了自己应该做的工作，在张爱玲作品和生平史料的发掘上尽了一点力而已。而今张爱玲已在世界范围内受到重视，据我所知，她的小说已有英、日、德、法、意、俄、捷克、韩等多国文字的译本了。

彭国梁：很早的时候，我就买过你编的一本《卖文买书——郁达夫和书》，扉页上有两句郁达夫的"自况"："绝交流俗因耽懒，出卖文章为买书。"如果我没记错，郁达夫也是因你而在20世纪80年代掀起了一股热潮吧？

陈子善：我很喜欢郁达夫的这两句诗，好像也是我的"自况"。你说得对，在注释鲁迅后期书信时，我就对郁达夫——鲁迅认为唯一没有"创造气"的朋友，产生了兴趣，与王自立先生合作，先后编订了郁达夫的文集、研究资料集和回忆文集，这是20世纪80年代前半期的事了。我所主张的研究一位作家必须从他的作品、研究资料和同时代人的回忆三方面入手的观点就是从这时开始形成的，至今未变。

彭国梁：周作人《知堂杂诗抄》的书稿，是你从海外郑子瑜先生的手中拿到国内来再编辑加工出版的吧？

陈子善：周作人这部诗稿确是我"引进"的，一个偶然的机会。假如不是新加坡前辈学者郑子瑜先生来沪访问时向我提起，假如不是当时主持岳麓书社的钟叔河先生"慧眼识宝"，《知堂杂诗抄》是不可能问世的。我对郑先生珍藏的这部诗稿作了增补，主要是补充了周作人的集外旧体诗和联语等。现在看来，这本小书还有不少的缺漏，校勘也不精当。《知堂杂诗抄》有几个不同的抄本，我当时也未见到。但这本小书确实产生了影响，从此开始了我与钟先生的愉快合作。钟先生一直推崇周作人的作品，在他主持下，我花费数年时间，编了周作人集外文三种四册，算是对周作人研究的一点小小的贡献。

彭国梁：还有梁实秋，我知道你是下过大功夫的，其中，你和余光中等编的《雅舍轶文》就是一项不小的工程，请谈谈你和余光中等合作这本书的经过。

陈子善：对梁实秋的作品，不能说下过大功夫，下过功夫倒是可以这样说的。中国友谊出版公司出版的《雅舍轶文》收入我编的梁实秋《雅舍诗和小说》和《雅舍小品补遗》——其实是与余光中先生编的《雅舍尺牍》完全独立的两本书，因从同一家台湾出版社引进，就三本书合并在一起，是我沾了余先生的光了。我的梁实秋研究始于梁先生1987年逝世以后，还是侧重在对他早期作品的发掘整理，发现了他二十多个笔名，编订了《梁实秋著译年表（1920–1949）》。我认为由于大批散佚作品未被研究者关注，我们目前的梁实秋研究还是有很大偏差的。不久前出版的拙编《雅舍谈书》（山东画报出版社），也意在为梁实秋研究提供一点新史料。

彭国梁：在中国现代文学史上，还有大量被埋没或没有引起重视的作家，你一直在做这项发掘的工作，比如，我桌上现在就摆着你编的邵洵美的《洵美文存》和陈梦家的《梦甲室存文》，这项工程目前的进展如何？你有没有一个整体的构想？

陈子善：对这项工作我一直是念兹在兹，这是我最大的心愿。除了邵洵美、陈梦家这两本，近年来我还发掘了郭建英的画和文、东方蝃蝀的小说等。我没有一个整体的构想，凡我认为有研究价值的作家作品都在考虑之中。原计划还有吴兴华的诗、周煦良的文（这两项工作别人已经做了）和南星的诗文等，慢慢做吧。

彭国梁：与叶灵凤相关的书据说你也编过不少，请说说具体有哪些？

陈子善：我非常喜欢叶灵凤，他早年以写小说名，晚年以写散文和书话名，都颇有特色。我编过叶灵凤的随笔合集三部（文汇出版社），收录了他不少中、后期的集外文，编过一部他的散文精选集（浙江文艺出版社），还编过一本他的"性学"著作《世界性俗丛谈》（广西师大出版社）。他早年以笔名"白门秋生"写的"性学"小品也很有趣，有机会我也想编出来。中国现代作家中，一直关心两性问题的，前有周作人，接着就是叶灵凤了，而且叶灵凤是从现代知识层面切入的。

彭国梁：你曾编过一本书叫《你一定要看董桥》，有些霸道，因此，我也就有好多年坚决不看董桥，直到龚明德寄来你编的那本《董桥文录》，我才开始读他的文章。好固然是好，但似乎也没好到"一定要看"的分上，你说呢？

陈子善："你一定要看董桥"不是我而是香港作家罗孚先生提出来的，这是他写董桥的一篇文章的题目，文章后来收在《南斗文星高——香港作家剪影》一书中，有香港版也有内地版。当然，我认同罗孚先生的观点，所以把这句话用来作为我编选的董桥评论集的书名。我坚持认为，一个文学爱好者，特别是对中国现当代散文有兴趣的，一定要读一读董桥。董桥是专写散文的，像周作人、梁实秋、黄裳等散文大家一样。三十多年下来，他形成了自己的独特的创作风格，在浓郁的怀旧情调中透露出对中外优秀文化的向往和领悟，虽然不属于黄钟大吕，却是精致高雅、玲珑剔透。也许我的精英情结在作祟，我对董桥是推崇备至的。你可以不喜欢董桥，但你不妨读一读。

彭国梁：林以亮，也就是宋淇，熟悉张爱玲的大都知道这个名字，你编过一本《林以亮佚文集》，像这类台港作家，由你推介并已在大陆产生影响的有多少呢？

陈子善：编《林以亮佚文集》是研究张爱玲的副产品。林以亮在 20 世纪 40 年代就有文名，与钱锺书、傅雷等常有交往。林以亮去香港前与傅雷是邻居。在查找林以亮回忆、评论张爱玲文章的过程中，我发现他还有不少散文和评论，都是观点精到、文采斐然的佳构，于是就编了这部《林以亮佚文集》。但书是香港皇冠出版社出版的，内地读者看不到。我还编过一本《西游散墨》，作者桑简流，辽宁教育出版社出版，很容易找到。桑简流原名水建彤，是大学者傅增湘的外孙，本人学问也好得不得了，懂多种文字，20 世纪 50 年代初旅居香港，后定居英国。他出版过历史小说《香妃》，翻译了梭罗的《湖滨散记》。他的散文集《西游散墨》，据一位香港老出版家说，余秋雨先生的《千年一叹》是学他的，这未必可信，但也足见桑简流的学者型游记散文的艺术魅力。

彭国梁：学者汤用彤先生曾告诫年轻的研究者：第二等的天资，老老实实做第二等的工作，可能产生第一流的成果；如果第二等的天资，做第一等的工作，很可能第三等的成果也出不来。我记得你曾在一篇文章中引用了这段话，请谈谈是怎么看的。

陈子善：我认为汤用彤先生的话很有道理，因此在自己的研究工作中身体力行。我自认不是一个做大学问的人，不能提出大的理论建构，在宏观研究上缺乏兴趣，只能在微观研究上探索。好在宏观研究方面的饱学之士多得是，不缺我一个，而微观研究反而少有人肯做，那我就不妨来尝试一下。我其实第二等的"天资"也没有，老老实实做第二等、第三等的工作，长年累月地下死功夫，多少总会有所斩获吧。

彭国梁：有人说你编得多，写得少，我看了你的《文人事》《生命的记忆》等几本书，发现你的书都非常扎实，属"硬通货"。不知你自己是如何看待这"多"与"少"的？

陈子善：不可否认，我编得多，写得少。但我自己写的书，包括台湾版在内，也已有十一种之多了，不久还有《素描》《探幽途中》《签名本丛考》等数种要出版。我自己文笔枯涩，写不出像样的好文章，考证文章又只是为感兴趣的读者写的，所以还是多编点为好。毕竟，我对自己的鉴赏眼光还是有充分信心的。当然，我以后应该努力多写点。

彭国梁：你有一本书的书名叫《发现的愉悦》，这书名几乎说出了所有学人及所有"书虫"的心声，你能否说说一二特别难忘的"愉悦"？

陈子善：特别难忘的"愉悦"当然有了。1997 年秋，我在日本东京访学时，在神田一家旧书店发现鲁迅 1936 年 3 月 20 日给内山完造的一张便笺，此信虽早已收入《鲁迅全集》，但原信出现在我面前时，我还是眼前为之一亮！经我与有关各方联系，此信最后由上海鲁迅纪念馆购藏。更令我惊喜的是，信中提到的托内山完造代购的《聊斋志异外书磨难曲》（路大荒编注，1935 年东京文求堂出版）一书，在我为上海鲁迅纪念馆代购鲁迅此信的一星期之后，也被我在东京内山书店的特价门市部买到了，仅用了三百日元。后来我干脆把这本书也送给上海鲁迅纪念馆，以与这封鲁迅遗札"配套"。大概也正是这个原因，上海鲁迅纪念馆文物捐赠人大理石碑刻上了我的名字。这事的始末我还没有写过文章呢。

彭国梁：关于上海的书，你也做了不少，如《摩登上海》《夜上海》等，还编了一部名家插图的穆时英小说经典《上海的狐步舞》，上海是不是你重点研究的课题？

陈子善：我是上海人，对我而言，上海是故乡，也是我文学梦实现的地方。所以从文学的角度编选关于上海的书，理所当然。我研究上海也是从文学层面进入的。20 世纪 30 年代的上海是中国新文学的中心、中国文学现代化的中心，是可以而且必须不断被言说的。我不久前出版了一本自己写的《迪昔辰光格上海》（南京师大出版社），也是从文学到文化对 20 世纪 30 年代的上海与今天的上海作一番比较。坦率地说，我对今天的上海在文学和文化上的许多举措很不以为然，《迪昔辰光格上海》也传达了我对今天的上海批评的声音。

彭国梁：还想问问，你怎么会对猫情有独钟呢？

陈子善：我自己也觉得奇怪，为什么那么喜欢猫。我编了中国（含港台地区）现当代作家写猫的散文集《猫啊，猫》（山东画报出版社），已重印了两次。除了张爱玲的作品，这大概是我编选的最受一般读者欢迎的一本书。我现在养了两只小猫，一黑白一黄，十分可爱。每天外出归来，看到他们，所有的烦恼都会抛诸脑后。

彭国梁：子善兄，你所做的研究工作是否可用"抢救史料、填补空白、拨开迷雾、重新审视"这十六个字来进行概括？

陈子善：感谢你这样概括，给我定下了从事中国现代文学研究的奋斗目标。那么，"路曼曼其修远兮，吾将上下而求索"。

（原载 2007 年 2 月长沙《文学界》第 21 期）

把"文学碎片"捡拾镶嵌起来

——为《中国现代文学文献学十讲》出版答记者问

访谈人：夏斌①

夏斌：如果从上海新诗社编印《新诗集》算起，中国现代文学文献学已经走过了百年历程。其间，有什么值得关注的人和事？

陈子善：一百年来，阿英、李何林、瞿光熙、唐弢、贾植芳、赵燕声、丁景唐、魏绍昌、薛绥之、姜德明、樊骏等先行者，以各具特色又卓有成效的研究实践，不断丰富和充实中国现代文学文献学研究宝库。从他们那里，后人得到了许多滋养与鼓励，我们不应该忘却。

就研究成果而言，陈梦家编选的《新月诗选》是具有代表意义的新文学社团流派作品选。该书选录了闻一多、徐志摩、饶孟侃、

---

① 夏斌，《解放日报·读书周刊》记者。

孙大雨、朱湘、邵洵美、方令孺、林徽因、卞之琳、沈从文、刘梦苇等人的作品，集中体现了新月诗派的艺术风格。

20世纪30年代中期，最有名的新文学文献学整理成果是《中国新文学大系》，主编是赵家璧，蔡元培撰写总序。这套丛书共十卷，可谓矗立了十座丰碑。每一卷的编选者都是非常重要的人物，按主编卷数先后，包括胡适、郑振铎、茅盾、鲁迅、郑伯奇、周作人、郁达夫、朱自清、洪深、阿英等十位，覆盖小说、诗歌、散文、评论、戏剧、文学论争和史料索引等，较成系统地反映了新文学运动和新文学理论建设从无到有的历史过程。

夏斌：今年（2021年）是鲁迅诞辰一百四十周年。新中国成立以来，对鲁迅文学作品的整理、研究似乎成了主流？

陈子善：那是当然的。1949年前，不少大学没有开设新文学的课程，而以古典文学、古代文献为重。伴随共和国的成立，现代文学才较为普遍地进入大学课堂，而鲁迅是现代文学的伟大代表。

要开现代文学这门课，当然要编很多参考资料，鲁迅无疑是重中之重。加之当时发掘出不少鲁迅的作品、书信，这些在鲁迅生前自己编的作品集里是被遗漏的，所以人们整理、研究的积极性就更高了。

改革开放以后，我们的文学史研究、文献学研究有了进一步拓展，不仅继续"发现鲁迅"，而且对其他许多作家，如郁达夫、沈从文、张爱玲、穆旦等，都有了可喜的研究成果。

夏斌：文献学研究何以区分"古典"与"现代"？

陈子善： 不管是古典文学文献学，还是现代文学文献学，都需要理论的归纳、提升和阐发，都以搜集、整理、考证、校勘、阐释为主要功能。但更重要的是，这是一门实践的学问。所谓"辨章学术，考镜源流"，只有在不断实践中才能有所发现、有所拓展、有所突破。

夏斌： 您是如何与文献学结缘的？

陈子善： 在我个人的成长史上，有两个时间节点比较重要——第一个时间节点是 1976 年 2 月，我开始在当时的上海师大中文系教书；第二个时间节点是 1976 年 10 月，我开始参加《鲁迅全集》的注释。这在很大程度上让我对现代文学领域的一些历史经过、历史人物产生了浓厚的兴趣，也决定了我读书、买书、编书、写书的方向。

当时，我参与注释的部分是鲁迅 1934 年至 1936 年的书信。这些书信的内容往往是很具体、很琐细的，需要一一注明出处或来历，于是我不得不去做比较仔细的查考工作，包括求教各方。

前些日子，我参加了郑逸梅先生诞辰一百二十五周年的纪念活动，郑老就是我曾经请教过的前辈。鲁迅在 1934 年 8 月 31 日致母亲的信中写到买了张恨水和另一位作家程瞻庐的小说，寄给母亲当作消遣读物。按照注释的要求，我要注明程瞻庐是什么人、生卒年月等基本信息。这在今天可能比较容易，网上就能搜到，但当年是没有什么便捷工具的。我就给郑逸梅先生写信求教，先生马上回信，帮我把相关信息一条条列了出来。所以，《鲁迅全集》里的这条注释，应该说功劳要归于他。

夏斌： 看上去有些冷僻的领域,何以被您"玩"得如此风生水起?

陈子善： 这些年来,我花了很多的时间和精力来解决一些文学史上的具体问题。这些问题可能是其他研究者不屑一顾或没有兴趣的,而我偏偏兴趣很大。现在技术很方便,很多年轻的朋友在网上找资料,有时就会跟我说："陈老师,我又找到一篇某某作家的集外文!"当年我们没有这样的条件,只能一本本杂志、一个月一个月报纸的合订本去翻阅。

不过,任何事情都是一分为二的。现在年轻人在数据库里找,看的是电脑屏幕;我们当年翻阅的过程,闻着报纸、杂志那种接近古纸的味道,好像跟历史离得更近。

记得当年中华书局从上海搬往北京的时候,上海资料室里的书报杂志都交给了《辞海》编辑部(现为上海辞书出版社)。当时,要进那个资料室查阅,先得征询出版社领导同意,再跟一位具体管理的工作人员对接。我费了些心思,打了一番交道,才破例进入资料室去直接查找资料。于是,我就在里面爬上爬下查阅旧报刊,浑身上下弄得都是灰,但心里是高兴的。那段日子里,每翻开一份报纸,在副刊上看到一篇我不知道的或者此前没有文献研究记载的我所关心的作家的作品,那种喜悦的心情至今都难以忘记。

之后,就像滚雪球一样,我"发现"的作家从郁达夫,逐渐扩展至周作人、梁实秋、台静农、张爱玲等。当然,这里有一个前提:这些作家绝不是可大可小、可有可无的,而是都在现代文学史上留下深深印记的,我们不能忽略、不能回避、不能故意冷落。

夏斌：《中国现代文学文献学十讲》（以下简称《十讲》）这部新书为何定为"十讲"？

陈子善：作品版本、集外文、手稿、笔名、书信、日记、文学刊物和文学广告、文学社团、作家文学活动等九个方面的探讨，是现代文学文献学研究不可缺少的组成部分，当然也带有我的个性色彩。限于篇幅，校勘、回忆录和档案研究等都未讲，"十讲"毕竟不是"全讲"。最后一讲说的是"新文学文献中的音乐和美术"，看上去是我的个人兴趣使然，其实并非"一家之言"。自古以来，音乐、美术与文学就有很密切的关联，所谓"诗中有画，画中有诗"。近代以来，文学艺术更是成为一家。不少作家关注古典音乐，写了很多诗文，还有很多作家同时是书法家、画家。这样，就凑成了"十讲"，符合出版社的"名家专题精讲"丛书的要求了。

去年是贝多芬诞辰二百五十周年。潜心聆赏贝多芬音乐之余，我不禁想到他与中国新文学这个有趣的话题。早在 1907 年，鲁迅就在《科学史教篇》一文中提到"乐人如培得诃芬（Beethoven）"；郭沫若在日本留学时，还专门写了一首咏赞贝多芬肖像的新诗，这幅肖像画可能就是后来傅雷所译《贝多芬传》中刊出的那幅。郭沫若称赞贝多芬是"'大宇宙意志'底具体表著"。这种精神跟他"立在地球边上放号"，对"力的音乐，力的诗歌"的追求相契合。郭沫若年轻的时候喜欢古典音乐，经常去听音乐会，还说到过瓦格纳。应该说，这对他的思想、他的创作产生了不小的影响。

除了"新文学文献中的音乐和美术"，收入本书的《〈呐喊〉版本新探》《周作人集外文（1904—1945）的重编》《巴金〈怀念萧珊〉初稿初探》《〈野草〉出版广告小考》等篇，都是首次编集；收入本书的其他篇章也都重加修订，有不少还根据新出现的史料作了较大补充或改写。

当然，随着互联网的兴起，文献编纂成果研究、网络资源整合和研究等都值得关注，有待今后我们继续努力。

夏斌：您对选书有什么具体标准？

陈子善：我们那一代人，都经历过从没有书读到后来书太多而没有时间去读的过程。现在年轻人的问题是，好书太多了，来不及读。在这种情况下，怎样挑选适合自己的书很关键，对于做研究来说就更重要了。现在买书很便利，网上有新书，也有旧书，只要你有工夫去淘。我不会上网，所以比较吃亏，丧失了不少买好书的机会。但我的心态还是平和的，毕竟不可能所有的好书都让同一个人得到，更应该提倡大家共享。

我的经验是，要有自己的眼光、有大的视野，去选择适合自己的书。名家、大家的著作或者说经典著作当然要读，甚至需要反复重温。但在某些方面很有特色的作家，虽然不那么有名，也应该得到关注。

从 1990 年到 2010 年，我先后编过一些以前被忽视或冷落的作家的作品集，就是想让更多的读者，包括大学生、研究生在内知道这些作家。第一步先知道了，阅读了，第二步才是去评价，哪怕评价是"不过如此"，但至少不是照搬他人，而是有自己的见解。

举个例子，前面提到的邵洵美，就是一个很有趣的作家。现代作家里，很多人都喜欢写宏大题材，有些具体的问题是不怎么写的，如赌博现象。邵洵美就写了一系列关于赌博的小说，不但有趣，而且看法特别，为文学题材的多样性作出了探索和贡献。

我喜欢把相同题材的小说、散文编成一个系列，如我编过现当代作家写猫的《猫啊，猫》（山东画报出版社）。这些文学史上不怎么讨论的内容，人家没看到，我看到了，并且发现了意想不到的魅力，正是读书有趣的地方。

夏斌：身处上海，是不是对上海文学的发展更感兴趣？

陈子善：这是自然的。除了鲁迅和张爱玲，还有一个上海作家，笔名叫东方蝃蝀，原名李君维，他写都市青年男女的生活写得特别好。我给他编了《名门闺秀》和《伤心碧》两本作品集，包括长篇小说和中短篇小说。如果要单独写上海现代文学史，东方蝃蝀是不可能不写进去的。

我乐于做这样的事情——在我力所能及的范围内拾遗补阙，拾文学史之遗，补文献学之阙。

夏斌：新书中还专门考证了梁实秋的笔名。冰心曾经感言：我的朋友之中，男人中只有实秋最像朵花。在您看来，梁实秋是一个怎样的人？

陈子善：梁实秋这个人是有些争议的，鲁迅跟他打过笔仗。但他是个多面手，在现代文学史上起了很大作用。他比较早地对新文学提出了反思，认为浪漫主义太滥情了。这个观点能不能成立可以探讨，但至少提出了一个新思路。很多人以为，梁实秋是鲁迅的死对头，实际上是不准确的。最早推崇鲁迅杂文的是梁实秋，我在《十讲》中考证梁实秋评论鲁迅杂文集《华盖集续编》的文章，自以为是一个比较重要的发现。梁实秋也写杂文，但散文写得更好，《雅舍小品》描写的都是寻常事物，却充满生活智慧，富有人生哲理。他似乎什么都可以写，一个书架、一杯咖啡可以写，狗啊猫啊也可以写，透着幽默、风趣。

很多作家只能写某一类的东西，梁实秋对生活的体会很深，以至于衣食住行都能写，这是他的功夫。毕竟，人是要过日子的。梁实秋还是很有眼光的评论家，最早推崇余光中的就是他；他还编词典，如《远东英汉大词典》。更了不起的，梁实秋还把莎士比亚作品全部翻译了——朱生豪英年早逝，一些历史剧来不及翻译。梁实秋历时几十年把莎士比亚的历史剧、十四行诗都翻译出来了，可谓"中国翻译《莎士比亚全集》第一人"。

夏斌：新书对钱玄同也有介绍，据说鲁迅踏上新文学之路与他有很大关系？

陈子善：在鲁迅成为新文学大师的道路上，当时身为《新青年》编辑的钱玄同是有功劳的。如果没有他不断地约稿、催稿，在教育部工作的鲁迅未必会写《狂人日记》。1918年2月至4月，短短三个月之内，钱玄同造访周氏兄弟有十次之多，且均在晚间，多次谈至深夜12时以后，足见谈得多么投契和深入。夜深巷静、犬吠不止，以至于鲁迅在《呐喊》自序中写到金心异（即钱玄同）"因为怕狗，似乎心房还在怦怦的跳动"。

尽管如此，"怕狗"的钱玄同仍然不断造访。可以想见目的只有一个，那就是一定要说服鲁迅为《新青年》撰文。也正因为他不断地约稿、催稿，才打断了鲁迅彼时埋头抄写古碑的兴致，"终于答应他也做文章了"。《狂人日记》因钱玄同而诞生，经钱玄同之手而发表。从此以后，鲁迅"便一发而不可收，每写些小说模样的文章，以敷衍朋友们的嘱托"。

对于这段经历，钱玄同是这样回忆的："我的理智告诉我，'旧文化之不合理者应该打倒'，'文章应该用白话做'，所以我是十分赞同仲甫所办的《新青年》杂志，愿意给它当一名摇旗呐喊的小卒。我认为周氏兄弟的思想，是国内数一数二的，所以竭力怂恿他们给《新青年》写文章。"

长期以来，中国现代文学研究界对孙伏园催生了《阿Q正传》津津乐道。其实，钱玄同之于《狂人日记》的深远意义也不容低估，应当在现代文学史上大书一笔。

夏斌：从鲁迅、郁达夫等现代作家身上，可以看到怎样的文学创作特质？

陈子善：讲到底，文学是语言的艺术。思想再高大，也需要借助文字来打动人。有时候，就算只写自己身边的小故事，但情节和语言表达都很好，这个作品就可以成立，甚至是有机会流传下来的。语言的背后，不变的是良心、良知和真实。

（原载 2021 年 4 月 10 日《解放日报·读书周刊》）

辑
二

谈现当代作家作品

谈"海上文学"的失踪者

——为《海上文学百家文库》出版答记者问

访谈人：石剑峰 [①]

近代以来的上海，以其发达的经济和出版业，以及华洋杂处的国际都会环境，吸引了全国的文学创作者。他们或定居，或短暂滞留上海，并留下大量文学作品。收集了近代以来上海最具代表性文学作品的《海上文学百家文库》（以下简称《文库》）经过两年多编选，不久前由上海文艺出版社出版。《文库》共一百三十卷，近六千万字，编选、包容不同艺术观念、风格、流派的作家。在《文库》的目录中，一大批陌生的写作者位列其中，一批在文学史中"失踪"的作家由此再次呈现在读者和研究者面前。华东师范大学的陈子善教授是《文库》的主要编辑之一，在他看来，从《文库》视角出发，

---

① 石剑峰，《东方早报·上海书评》记者。

真正看到了所谓"海上文学"的海纳百川到底体现在哪里。"所谓百川落到文学层面，就是各种各样的文学追求和文学探索。"而那些在文学史中失踪的作家和作品，经过这次重新"打捞"，也让我们读者有机会窥见教科书书写之外的现代文学的丰富性。

石剑峰：请您先谈谈编选《文库》的具体标准吧，符合什么样的条件才能进入这部《文库》？

陈子善：《文库》的编选体例是，这位作家在上海生活过，哪怕是比较短暂的，他在上海文学史上留下过较为重要的印记，这是第一点；第二，这位作家的入选作品，最好是在上海期间创作，或者是写上海的，跟上海有关的，比如周而复的《上海的早晨》；第三，如果不是在上海期间写的，最好是在上海发表的或者出版的，比如萧红的一些作品；第四，哪怕最初发表不在上海，出版单行本在上海，也可以收集进来，比如曹禺的《雷雨》。像沈从文这样的大作家，你当然只能选他在上海期间创作的作品，因为文学史家一直认为他是京派作家。当然在实际的操作过程当中也会有些变通。所有健在的作家都不收，最晚收到去世不久的何满子、李子云。

我做了一个简要的统计，《文库》总共一百三十卷，收入近、现、当代二百三十三位作家的作品。最后三卷是"当代戏剧文学卷"（上下）、"当代电影文学卷"，其中不少是集体创作，这三卷中有多少作家我就没有统计。在二百三十三位作家里，实际收入作品的作家是二百三十一位。"张爱玲卷"和"钱锺书卷"本已编好，但没有收入，只在第131卷"总目录索引"中存目。为何没有收入？

版权未能解决，个中原因比较复杂。比较好玩的是，最后居然是这两位大家的作品没有收入，因为钱锺书是不待见张爱玲的。

在二百三十一位作家中，单人一卷的有四十四位，这些人中又有二十一位自 1949 年以后一直住在上海直到去世。这也是为了突出上海特色。在四十四位之外，一人两卷的有八位作家，从近代到现代、从新文学到通俗文学都有，他们依次是吴趼人、李伯元、鲁迅、朱瘦菊、郭沫若、茅盾、巴金和周天籁。他们中有的是公认的大家，有的以长篇小说著称，所以一人两卷。

因此，这部《文库》梳理了近代以来一直到当代上海地区的文学发展脉络，通过这样一种编选方式重新呈现上海一百五十多年的文学风貌。《文库》中将近一半的作品已经很长时间没有再出版过，大家都已经快遗忘了。这次收入，从上海乃至中国现代文学史的丰富性这一点上是大大拓展了。

石剑峰： 大家对这部《文库》最感兴趣的地方是那些陌生的作家和作品，这使我们对海上文学的认知大大扩充了。

陈子善： 在我编的数卷中，很多作家从 1949 年以来没有出过书，比如沈起予、姚蓬子、顾仲彝、朱雯、韩侍桁、杨邨人等。还有施蛰存，他的小说散文多次被编选，但他的新诗以前没有出过。施济美入选的长篇小说《莫愁巷》全本以前也没有出版过。沈起予死得早；姚蓬子是因为大家都明白的原因；顾仲彝作为戏剧家很少入选；朱雯抗战时期的散文在 20 世纪 80 年代出版过，但小说没有，我们以前只知道他是翻译家，不知道他还是小说家。还有袁水拍，因为他后来跟"四人帮"的关系，所以很少提了。

我们可以看到，以前我们关注一些重点作家，但对他们作品的了解仍有很多欠缺，现在通过这种方式来填补。这意味着文学史的丰富性和多样性，远远超过我们的想象。我们一直讲丰富，什么是丰富？就是以前有一些作家的作品我们还没有关注。这些作家，也许文学史著作不一定提到他们，但这次《文库》那么大规模的一个回顾展，你就不能忽略他们。我在首发式上也说，这部《文库》应该是开放式的，不是说现在编选告一段落就结束了，还有一些作家以后可以补充进来，因为肯定有遗漏。

石剑峰：《文库》中有不少作家，他们在 1949 年以前的创作其实是很活跃的，但在 1949 年以后几乎消失了，更不要说在文学史上看到他们的名字。

陈子善：那些在 1949 年后没有引起关注的作家，可能都有这样或那样的问题，主要是政治和意识形态原因，或者他们的经历比较曲折，历史不是很清白，但是实际上他们的文学史地位是没有问题的。那些如今不太被人提起的作家中，成就比较高的有王独清。他是创造社的代表人物。创造社多数成员是留日的，唯独他是留法的，所以他的创作风格不一样。他从法国学了很多象征派诗的创作手法，在新诗创作上比较自觉地做了尝试，成功不成功是另外一个问题。还有姚蓬子，他 20 世纪二三十年代的新诗和一些小说还是比较好的，"左联"的《文学月报》是他编的，他离开了才由周扬接手。现在谈"左联"，都是谈冯雪峰、周扬、丁玲他们，唯独少了他，其实他是当时"左联"的重要人物。

很多作家在1949年以后不再被人提起，还有一个重要原因就是文学史的写法问题。如果你进不了文学史，那就进不了教材，那大家就对你不了解，你就有可能被遗忘。现在提倡文学史家个人写史，其优点显而易见，但缺点是个人的视野总是有限的，主要还是个人判断水平的高低。夏志清先生有一个经典说法，文学史家就是发现和评鉴优美作品，首先要发现，然后再来评价，这两个环节是紧密联系在一起的。文学史家的视野是否开阔，判断力是否独到，这是至关重要的。我们现在提供这么一个大规模的《文库》选本，实际上是为文学史家重新审视文学史提供新的基础，或者说提供新的素材，供他们重新选择和评价。

石剑峰：从大的文学史角度看，很多作家成了文学史的失踪者，但从作家个人看，正因为文学史的定位，他们创作的丰富性其实也被局限了。

陈子善：我们这一次编选，把各种风格、倾向和流派，基本上都兼顾了。具体到作家个人，比如徐迟，他在1949年后写了很多报告文学，影响不小，但是他在20世纪三四十年代其实是新感觉派中的小字辈。徐迟自己在文学回忆录里也提到过，但研究者不注意。所以这次编选，对那些作家来说，就是把他们写作生涯中被遮蔽的部分揭示出来。我还要提到刘大杰和赵景深，他们两位1949年以后都是复旦大学教授，刘大杰是文学史家，赵景深是戏曲研究的权威。但是很多人不知道，刘大杰还搞过很多翻译和写小说，赵景深也写诗、写小说，这就展示了他们文学生涯的另外一面。第78卷中的周煦良、满涛、辛未艾、王道乾，我们都知道他们是翻译家，其实他们的文学身份是多样的，他们都有很多很好的创作，包括诗歌、散文、小说和评论。这种情况在20世纪三四十年代很普遍，不像现在的翻译家，身份比较单一。还有韩侍桁，以前我们总认为"京派"出了很多文学评论家，"海派"文学评论家好像不多，韩侍桁其实就是海派文学评论的代表人物。他的新文学评论写得很漂亮，他评过鲁迅、郁达夫。鲁迅开始很器重他，两人关系很密切，后来他跟所谓的"第三种人"在一起，鲁迅就跟他疏远了。韩侍桁很可惜，新中国成立以后他一直在上海从事翻译工作。这些几乎被遗忘的作家、评论家，很多人在1949年以后不再写作，主要靠翻译谋生，这是他们赖以生存的一门手艺。那时翻译采用计件工资，稿费比较高，翻译一本书能维持半年、一年的生活。

　　还有王统照抗战期间在上海的创作，他短篇小说写得很好。以前我在《良友》画报上看到一篇小说《华亭鹤》，很有特色，但用的是笔名。开始不知道是谁，后来一查是王统照。这样我们就将王统照不同时期的代表作品都收进来了，作家个人创作的丰富性就这样体现了。还有很多名字，可能你觉得他是一个写作者，但不一定是一个作家。像第100卷收的林放、徐铸成、罗竹风等都是杂文家，我们主要从杂文的角度来编选他们的作品。可是徐铸成，文学史上一般不提他，但新闻史上必定会提，我们现在把他选进来，也许是从一个新的角度来认识他。

石剑峰： 无论是寻找那些文学史上的失踪者，还是体现作家一生创作中的丰富多样性，《文库》似乎为重写文学史提供了可能。

陈子善：《文库》的编辑出版，实际上为我们以后的研究提供了很多新的可能性。很多新的研究课题可以从这里面产生，很多硕士论文、博士论文的题目都可以从这里引申出来。很多卷的入选作品可以被拿来分析、探讨，用来写一篇硕士论文绰绰有余，因为基本素材都有了：作家生平介绍、创作面貌概述、各个时期代表性作品等。所以从这个层面上讲，《文库》扮演了这样的研究功能。

除此之外，《文库》也重新发掘了很多文学资源。文学史一定是要做"减法"的，但是你要做好减法，得先做"加法"，加了以后再减；你不做加法，直接先减的话，可能就会出问题。先把这些作家和这些作品找出来，到底怎么评价，让时间去检验。编这部《文库》其实就是在做加法，当年张爱玲也是做加法做出来的。

上海文学，我们以前总说是海派文学，但是这个提法是比较空洞的，主要指穆时英、苏青、张爱玲他们几位，这是远远不够的。他们当然是上海文学中很突出的，但除此之外还有一大批。你说海派文学海纳百川，到底在什么地方体现出来？所谓"百川"落实到文学层面，就是各种各样的文学试验、文学探索和文学追求。《文库》就把这些体现了出来，这里面有那么多陌生的名字和作品。

从这个意义上讲，《文库》的开放性还可以再进一步展开，还有一些作家可以不断充实进来，特别是那些清末和民国时期的作家。我们在编选的时候可能有遗漏，以后可以不断补充。若干年以后，《文库》就不是一百三十卷，一百六十卷、二百卷都可能。

石剑峰：文学史的重写问题，其实也涉及一个经典的重新定义问题，所以《文库》也为我们重新认识现代文学中的经典提供了可能。

陈子善：编选《文库》实际上也还是在以往研究的基础上，进一步拓展，重新梳理。文学经典随时代变化会发生改变。今天我们重新认识近、现代文学史，给出了这样一个文学图景和文化图景，也许以后来编又不是这个样子了。就像这部《文库》，放在以前编，很多作家是选不进去的；将来再编，可能又要重新组合。随着时间的推移，我们对文学史的认知会不断有所拓展，会有更新的视野，肯定会再做调整。但是在今天，这个丰富性已经体现出来了。

把一部作品放到文学史的长河里看，它的文学史价值和文学鉴赏价值，有时是不一致的。它可能在当时产生过很大影响，今天回头来看却很平淡，甚至粗糙幼稚，这是完全可能的。另外一个方面，一部作品的文学史价值可能不太高，它甚至没能进入文学史，但今天从文学鉴赏的价值来判断，它可能是精品，可能是经典。它只是由于在诞生时或以后的某些历史原因，被遮蔽了。比如巴金，现在都认为他在艺术上最成熟的作品应该是《寒夜》而不是《家》，但后者在文学史上的地位更高。在很长一段时间里，《寒夜》较少被人提到，但随着时间的推移，我们开始同时提《家》与《寒夜》了，开始重视《寒夜》了，知道巴金在艺术上是有追求和雄心的，不是只有呐喊性的作品。而这是《文库》将来可能会起到的作用，也就是我之前所说的做加法。当然也有一些作家，他们一辈子能留下来的就是一部长篇或者中短篇小说。这个时候你到底怎么选？很有讲究。可能有人会有疑问，你选得不那么恰当，还有更具代表性的。这当然可以探讨。不管怎样，我们先把这些作家提出来，在《文库》里尽可能收入他的各种代表性作品，就是说首先要关注这个作家，让读者和研究者知道有这么一位作家存在，以后怎样给他在文学史上定位是第二步的工作，可以见仁见智。

（原载 2010 年 9 月 12 日《东方早报·上海书评》）

《她是一个弱女子》完整手稿影印面世的意义

访谈人：朱自奋 [①]

朱自奋：郁达夫小说手稿《她是一个弱女子》在郁达夫诞辰一百二十周年之际终于第一次影印出版，让读者能够亲睹难得一见的郁达夫钢笔手迹和当年的创作印迹。请谈谈郁达夫手稿目前的保存状况。

陈子善：中国现代作家手稿的保存，总体来讲是不如人意的。当然像鲁迅这样超重量级的作家，他的手稿保存是做得比较好的，超出我们预料的好。鲁迅的很多中后期作品，如散文集《朝花夕拾》和短篇小说集《故事新编》的手稿，基本保存下来了。当然鲁迅早期的作品如《阿 Q 正传》的手稿，只留下来一页，幸好 20 世纪 30 年代《太白》刊登了这一页手稿的照片，我们才能见到，但并没有实物留存。《狂人日记》《阿 Q 正传》都是鲁迅最有代表性的作品，

但手稿现在都找不到了。凡是保存下来的鲁迅创作手稿都已影印出版，翻译手稿也在出版中，而且印刷质量越来越好，手稿的涂改细节、用墨的浓淡重轻等都可细察，给研究者打开的探讨空间也越来越大。鲁迅的书信手稿也大量保存下来，尤其是收信人与他关系密切的，如鲁迅给赵家璧、曹靖华、黄源、萧军、萧红等的大量书信的手稿，都保存下来了。鲁迅的日记除了有一年的下落不明之外，其余也都保存下来了。所以，鲁迅的手稿全集篇幅很大。其他重要作家的手稿，如茅盾《子夜》手稿、老舍《骆驼祥子》手稿、巴金《寒夜》手稿等，都保存下来了。

相比之下，郁达夫手稿的保存现状确实很不理想。目前保存较多的是他的诗稿和一些书法条幅。20世纪六七十年代，新加坡的古董店还有一些郁达夫的条幅在卖，既是他的旧体诗作品也是书法作品，日本学者就买到过。随着时间推移，这些诗稿现在也很珍贵了。除此之外，郁达夫小说、散文的手稿保留下来的很少。目前郁达夫的一些手稿保存在他后人手里，这些手稿最初是郁达夫长子郁天民先生精心保存的。

与鲁迅、胡适、郭沫若、茅盾、巴金、老舍等重要作家的手稿不断印行相比，郁达夫手稿的出版和研究，实在是乏善可陈，严重滞后。连他的中学同学、新月派诗人徐志摩的存世手稿集也早已问世，但郁达夫除了一些旧体诗作、题词和致王映霞的书信的部分手稿已经印行外，还可以说些什么呢？所以，这次中华书局把郁达夫中篇小说《她是一个弱女子》手稿本影印出版，是一件值得关注的大好事，对郁达夫手稿的研究可谓是零的突破。

朱自奋：郁达夫生前有哪些手稿曾有过零星的面世？目前被披露的手稿大致有哪些？

陈子善：郁达夫生前，他的新文学创作手稿的刊登仅见两次。1933年3月，上海天马书店出版《达夫自选集》时，书前刊出了《序》手稿之一页。1935年3月，郁达夫编选的《中国新文学大系·散文二集》出版时，《良友图画杂志》《新小说》等刊出了他的《编选感想》手稿一页。郁达夫身后，他的一些旧体诗词手稿在海内外有发表，但在相当长的一个历史时段也几乎完全空白。

1982年至1984年，花城出版社与香港三联书店合作出版《郁达夫文集》（十二卷本），作为插图之用的郁达夫新文学作品手稿共刊出如下数种：中篇小说《迷羊》第二章第一页、中篇小说《她是一个弱女子》第一章第一页、《〈达夫自选集〉序》之一页、随感《〈中国新文学大系·散文二集〉编选感想》、评论《歌德以后的德国文学举目》第一页、《厌炎日记》第一页、译文《关于托尔斯泰的一封信》（高尔基作）之一页。其中有些是郁天民先生提供的。

1992年，浙江文艺出版社出版了《郁达夫全集》（十二卷本），新刊出的郁达夫创作手稿仅有两种：短篇小说《圆明园之一夜》第一页、1929年9月27日日记之一页。2007年，浙江大学出版社出版了新的《郁达夫全集》，刊出的插图中，除了一些诗词和题词等手迹，郁达夫新文学作品手稿的搜集并无进展。

有必要指出的是，上述已披露的郁达夫新文学作品手稿中，仅有《〈中国新文学大系·散文二集〉编选感想》一页是一篇完整的手稿，其他都只是文中一个小小的片段而已。换言之，除了这篇短小的《编选感想》，郁达夫完整的新文学作品手稿从未与世人见面。所以，中篇小说《她是一个弱女子》完整手稿本的影印问世，是一次真正的零的突破。

朱自奋：20世纪80年代，您为花城出版社、香港三联书店编《郁达夫文集》时，就已经接触过郁达夫手稿，是除了郁达夫后人之外，最早接触郁达夫手稿的"外人"？那时候您有没有特别重视郁达夫手稿的意识？

陈子善：当年我和王自立先生一起为花城出版社、香港三联书店编《郁达夫文集》时，我向郁达夫的长子郁天民先生求助。当时我们出版《郁达夫文集》的规格是，每本书都要有他的著作的初版本或特殊版本的书影，有手迹的照片，以及郁达夫本人的照片。这是《鲁迅全集》首创的规格，《郁达夫文集》也参照这个规格。郁天民很支持我们的工作，把郁达夫的小说、散文、翻译等作品都选了手稿，拍了照，寄给我。可以说我是最早接触郁达夫手稿的研究者。

但那个时候，除了鲁迅手稿，其他作家的手稿，都没有获得特别的重视。当然，大家也知道手稿很珍贵。对作家手稿价值的认识，也需要有个过程。随着这些年国内手稿学研究的兴起，我们对作家手稿的重视和研究力度有所增加。

朱自奋：历经八十多年的风雨沧桑，《她是一个弱女子》完整手稿得以幸存于世，这是郁达夫研究的大幸，同时也是中国现代作家手稿研究的大幸。请您谈谈这部手稿究竟是如何保存下来的。

陈子善：这部中篇小说的手稿得以完整保存，郁达夫长孙郁峻峰先生在影印本的后记中说得比较清楚，我就转述一下：

该书为何被保存在达夫故居，目前并无史料明证，但我们还是可以根据一些线索推断一二。首先，该书《题辞》明确记载："一九三二年三月达夫上"，可以认定该书稿的完成时间。而正式出版单行本，则是在四月二十日。其间，也即三月十日，郁达夫从上海出走，到富阳老宅住了约有一个星期时间——该书稿由郁达夫自己带回老宅并一直被其后人保存也应该也为一种可能。

其次，一九六五年春，在富阳街头，有人从一担乱七八糟的旧书刊中，偶然检出一册纸张泛黄的破旧的日记本，此人是懂点文学的，他惊异地发现原来是郁达夫的日记，于是毫不犹豫地向货主买下，寄交北京中国作家协会。中国作协后将此交给《人民日报》副刊部进一步鉴定，确认系郁达夫自一九二九年九月八日起至次年六月十七日止日记无误。同年八月三十日，就在《人民日报》副刊选登了其中的八则，一九八五年《新文学史料》第三期予以整理发表，该日记现存人民文学出版社。当时，天民先生正在杭州浙江省高院工作，也正在与周艾文先生着手收集整理郁达夫资料以编辑《郁达夫诗词抄》。他听说这个消息以后，花费了很大精力在富阳城乡各处进行了收集，一批珍贵的文史资料得以幸存——据说，因为日本纸张又硬又挺，还被商家用来压在酒缸、咸菜缸的口子上，用作封口的材料。但《她是一个弱女子》的手稿在不在此列，不得而知。

为保存这部书稿，郁达夫后人花费了巨大心血。"十年浩劫"期间，达夫故居经历了长达七天的抄家，大门被勒令二十四小时不准关闭，家中满满八大车的书籍、字画，被拉到露天广场上，大多数被付之一炬，待改革开放后落实政策时，发还的被抄物资还不到小半车。现在保存的这批达夫日记、致孙荃信札、部分手稿等珍贵资料，是在第一次红卫兵抄家前，一位好心的居委会大妈提前通知消息，郁天民夫人将其藏匿在烟道中，半夜又偷偷起来，将其转移到更安全的地方，这才侥幸保存下来的。

朱自奋：《她是一个弱女子》是现存郁达夫小说手稿保存最完好最完整的一部。您是怎样促成手稿的出版的?

陈子善：这部手稿从动议出版到正式面世，有一个很长的过程。20 世纪 80 年代初编《郁达夫文集》时，我第一次听说《她是一个弱女子》手稿还在。四五年前，有一次我和郁峻峰交谈，郁峻峰提出，他作为郁达夫的后人，有责任推动郁达夫的研究。我和郁峻峰讨论了推进研究的很多途径，譬如重读郁达夫作品，引入新的研究方法，通过不一样的研究角度，发现以前被遮蔽的郁达夫的新价值。我也提到，我们可以举行各种相关的研讨会，吸引青年学者来进一步讨论郁达夫。此外，还可以有另一个途径，就是发掘新的史料，譬如推动郁达夫手稿的出版。我是上海交通大学国家社科重大项目"《鲁迅手稿全集》文献整理与研究"课题组的成员，一直关注作家手稿研究。最近我刚出版一本《全集补》，把浙江大学出版社新版《郁达夫全集》漏收的郁达夫作品及书信作了结集，其中收入了郁达夫早年给他未婚妻孙荃的信，信的内容都是根据手迹收录的。

当时我问郁峻峰，还有没有郁达夫其他创作手稿？郁峻峰答：保存最完整、分量最重的，就是中篇小说《她是一个弱女子》的手稿。我就问能不能影印出版，因为这样做对郁达夫研究是一个突破，也是投石问路。郁峻峰说他需要征求母亲同意。后来郁峻峰说他母亲同意拿出来，用影印的方式提供给郁达夫研究界，这个工作可以启动了。这是一个喜讯。当时正好中华书局上海分公司"聚珍文化"刚刚印过一本梁思成的《中国雕塑史》手稿珍藏本，印得蛮好。我就介绍郁峻峰和中华书局余佐赞先生直接联系，后面具体洽谈的事我没有参与。去年（2016年）12月7日是郁达夫诞辰一百二十周年，在富阳有一个纪念会，可惜手稿本和《全集补》这两本书都没能赶上这会。

朱自奋：《她是一个弱女子》手稿本的刊印，对郁达夫研究可能会产生什么积极作用？

陈子善：在郁达夫小说创作史上，《她是一个弱女子》占有一个特殊的位置。这是郁达夫继《沉沦》《迷羊》之后出版的第三部中篇。小说以1927年"四一二"反革命政变前后至"一·二八事变"为背景，以女学生郑秀岳的成长经历和情感纠葛为主线，描绘了她和冯世芬、李文卿三个青年女性的不同人生道路和她的悲惨结局。《她是一个弱女子》小说已发表过，内容本身没有什么秘密。把手稿跟出版的小说定稿比对，除个别地方有出入之外，总体上基本一致。手稿基本上就是定稿。但手稿本的好处在于，它保存了作者大量的修改痕迹。

我当时翻阅这部《她是一个弱女子》手稿本，第一页就有个不小的发现。《她是一个弱女子》初版本题词上印有"谨以此书，献给我最亲爱，最尊敬的映霞。一九三二年三月达夫上"。但是手稿本的题词页明明写着：

> 谨以此书，献给我最亲爱，最尊敬的映霞。五年间的热爱，使我永远也不能忘记你那颗纯洁的心。
>
> 一九三二年三月达夫上

那么，后一句是被作者全部划掉了。由此可知，这段题词原来有两句，但最后付梓时，郁达夫删去了后一句，仅保留了第一句。为什么要删去？有兴趣的研究者就可以探讨了。

手稿提供了一个了解作家写作过程的重要途径。我们可以通过手稿来分析作家是怎么修改自己的作品，从而进一步分析作家的创作心理。《她是一个弱女子》手稿本从头至尾，几乎每一页都有修改，大部分用黑笔，偶尔用红笔，或涂改，或删弃，或增补，包括大段的增补。有时一页修改有九、十处之多，还有一些页有不止一次修改的笔迹。郁达夫创作这部中篇小说的认真细致、反复斟酌，由此可见一斑。品读手稿，我们可以揣摩郁达夫怎样谋篇布局，怎样遣词造句，怎样交代时代背景，怎样描写风土人情，怎样设计人物对话，怎样塑造主人公形象，一言以蔽之，可以窥见郁达夫是怎么修改小说的。

《她是一个弱女子》手稿本是郁达夫重要作品的手稿的完整呈

现。据我所知，郁达夫有一篇早期小说《圆明园之一夜》，曾经公布过一页手稿。20 世纪 80 年代初我编《郁达夫文集》时，经手了一些郁达夫作品的手稿，譬如中篇小说《迷羊》第二章第一页的手稿等，这些作品的手稿我想现在应该都还在。

朱自奋：有学者指出，这几年郁达夫研究整体比较低落。对此您怎么看？

陈子善：如果对某一位作家的研究在一段时间内出现平稳的现象，应该并不奇怪。但我认为郁达夫研究其实一直是在平稳中有所推进，不是大起大落的那种。据我所知，现在发表的相关论文数量还是不少。我主编的《现代中文学刊》就将刊发北大中文系吴晓东教授的论文，讨论郁达夫的散文作品。郁达夫在当时文坛影响很大。我认为郁达夫研究还有很多领域没有打开，很多材料值得深入。很多事情我们还没有很好地去分析、研究、讨论，包括对他小说的评价，如何在更完整的文学和时代背景下进行探讨。《她是一个弱女子》就是很好的例子。以前有些评论家对这部作品感到很困惑，认为格调不高，消极面较大，但它实际上是一部抗日作品，女主人公最后是死在日本侵略者屠刀下的。已经有不少论文认为要对该小说重新进行评价。

对现代文学史研究来说，郁达夫研究是一个值得持续关注的领域。《她是一个弱女子》手稿本成功出版后，可能今后还会出版郁达夫的其他手稿。因为郁氏后人手头还有很多手稿在，譬如郁达夫的信札、日记。其中，最有价值的是郁达夫的日记，数量一定不少。但考虑到日记里可能有一些敏感的内容，也许现在还不是公布的时候。郁峻峰先生设想将来成立一个郁达夫研究基金会，可能会分批整理出版郁达夫手稿。在郁达夫研究界看来，至少从史料层面上来讲，他的作品，未发表的日记、书信，应该都有可发掘的空间。即使是已发表的郁达夫作品，也有可发掘的空间，不然这本《全集补》就不可能出版。那些散落在报纸杂志上的郁达夫作品，尤其是散落在一些非文学报刊和政经期刊上的作品，可能还会有遗珠。这本《全集补》中收集的郁达夫集外文，都是有心人从网络上的期刊数据库里一页页查阅，最新打捞出来的，我只是总其成而已。这真得感谢网络的功劳。

朱自奋：您认为郁达夫是中国 20 世纪文学史上一位极具个性的天才作家。请稍展开来谈谈您对郁达夫的评价。

陈子善：对现代作家，我们常说钱锺书有才华，我们甚至不大说鲁迅有才华，其实鲁迅的才华大得很。在我看来，郁达夫也是一位才华非常显著的作家。在他身上，有两个特点体现得特别充分：一是他对新文学的追求和贡献。郁达夫是五四新文学运动的拓荒者，是最早一辈卓有成就的文学家中的代表人物。《中国新文学大系》第一个十年，编者都是五四新文学运动的干将，其中有一本就是郁达夫编的，那时候巴金、老舍等都还排不上。郁达夫差不多是鲁迅的同辈人，是巴金等人的前辈。二是郁达夫的旧学功底很深，他是新文学运动中的古典诗词大家，旧体诗写得很好。

郁达夫的文学才华，以他的自叙传小说为文学史家瞩目，近来文学界对他小说的心理分析亦越来越感兴趣。他对外国小说的熟悉程度也是新文学作家中少有的，他懂日文、英文，德文也懂一点。

你看他买的外文书多得不得了，真是国际视野。后来的作家在这一点上就越来越不如了。

朱自奋：您多年来一直致力于中国现代文学研究。您是怎么开始研究郁达夫的？现在很多读者知道您，都是因为张爱玲，但实际上您的研究范围要广得多。

陈子善：我研究郁达夫，远远早于研究张爱玲。跟研究张爱玲一样，我研究郁达夫也完全是凭自己的兴趣，因为我觉得郁达夫很直率，他敢于暴露自己。从大的意义上来讲，郁达夫的所有作品也可看作一部大的卢梭式的《忏悔录》。今天有人说他的文字没有节制，但我觉得读上去还是很舒服的。郁达夫不是不懂节制，他的旧体诗词就写得很含蓄。

郁达夫研究是我的一个主要研究类别。我研究的比较重要的作家中，鲁迅当然是第一位的，是我研究的起步，然后就到了郁达夫。20世纪80年代初，我和王自立先生合作编《郁达夫文集》《郁达夫研究资料》《回忆郁达夫》，还编过郁达夫作品选及相关专题资料。接下来我研究周作人、徐志摩、梁实秋，然后才到张爱玲。我下功夫比较多的基本上就这五六个大家。当然，还有台静农、叶灵凤等，也编了不少书。

朱自奋：您做研究以擅长发掘史料著称，这些年来，您几乎是隔一段时间就会抖出一个大包袱，给读者很多惊喜。常言道，史料如海，淹没多少勤勉的学者。而您一直如鱼得水，成果不断，您是怎么练就这种嗅觉与敏感的呢？

陈子善：关于史料发掘，的确有很多乐趣和挑战。我们以前找资料，就是死办法——泡图书馆。现在我们仍然需要泡图书馆，但很多比我年轻的学者更多的是网上搜索。最重要的是要有敏感，要知道自己的兴奋点在哪。我和很多年轻学者的上网目的是不一样的。有的人上网是为了查某篇论文，我则是东看西看地泛泛浏览，并不是带着某种目的去查。好比是上海人逛马路，事先并不知道服装店里卖什么衣服，走到店门口，才忽然发现这款时装适合我。我们现在查资料很多时候就是这样的情况，预先不知道会遇到什么。比如这本《全集补》里的很多郁达夫佚文，我事先不可能想到在看上去完全不相关的材料中会有新发现。但你要学会联想。一看它是福建出的杂志，而郁达夫在福建待过，且时间正好吻合，那么这杂志上就可能有郁达夫的文章。这样的思路是研究者应该要有的。敏感度是建立在对文学史的熟悉上的。也许有人会质疑，这些新发现的郁达夫作品并不是郁达夫的重要文章。但我认为，即便如此，它仍然对郁达夫研究产生作用和意义。也许你认为很普通，起不了什么作用，但说不定以后别人会认为它很有用，很重要。我对研究资料的态度，是尽量打捞，在可能的情况下，打捞出来后还能阐述其意义和价值。

发现新的史料，好比是在一座宝山上打开一扇门，本来不得其门而入，现在，这扇门打开了，对我，对别人的研究，可能都会有帮助。哪怕你只是揭开历史的一个角，都会让你很惊喜，让你进一步思考。

（原载 2017 年 3 月 20 日《文汇读书周报》）

周作人手稿的出现带来新的研究话题

访谈人：高丹 [1]

高丹：这些手稿（注：指 2020 年 12 月 3 日在嘉德拍卖的四十一篇共二百二十一页周作人散文、杂文手稿及他于 1963 年写就的一卷《为罗孚书自作诗长卷》手稿）都是 20 世纪 60 年代周作人寄往香港的文稿，你之前是否见过这些手稿？

陈子善：这是蛮有意思的一件事情，我在 20 世纪 90 年代初就见过了这批手稿的一部分。1987 年我到北京参加由鲁迅博物馆主办的周氏兄弟研讨会，在研讨会上我认识了罗孚先生，也就是这批手稿原来的主人。见面之后，我就想向他请教关于周作人的一些问题，因为我当时在编周作人的集外文，我就跟他谈起集外文的收集整理。他当时就说他保存了一些周作人的手稿，在香港的家里。因为他当

---

① 高丹，"澎湃新闻"记者。

时人在北京，家在香港，他说将来如果他能够回到香港，那么他是可以向我提供的。

1992 年，罗孚先生回到了香港。1993 年我正好有机会去香港中文大学英文系做学术访问，我就去拜访罗孚先生。他说："你来了，正好，现在我已经找出这些手稿来了，可以提供给你看。"所以我在 1993 年的时候，就在香港见到了这一批手稿，还有罗先生后来捐给中国现代文学馆的《知堂回想录》的完整手稿。

高丹：这些文稿中是否有格外有价值的和值得一说者？

陈子善：这些文稿都蛮有意思的，大致可以分为两大部分，一部分是周作人自己写的，一部分是他翻译的。他自己写的里面就谈到了日本的饮食风俗，一开始他很多是谈到吃的，谈气候的，谈传说的，比如《现今的龙》，就是谈传说的。有一些回忆文章是重量级的，比如《钱玄同的复古与反复古》。

他这四十一篇手稿当中还包含了他的好几篇翻译。在他的作品当中，翻译也是不容忽视的，这充分体现了周作人的写作范围是很广泛的，古今中外都有。你要说具体哪一部分特别重要，在我看来其实都还蛮有意思的。

高丹：你之前是否收藏和买过周作人的作品？

陈子善：我编《周作人集外文》，我也喜欢周作人，包括周作人创作的各种版本和翻译的各种版本都有收集，但我也没有收全，因为周作人的作品太丰富了。他的手稿方面，我手头有两件收藏，一件是周作人散文集《书房一角》的序的手稿，折叠起来的两页稿子，实际上是一篇短序，并不是很长，这是他在 20 世纪 40 年代写的。

另外，周作人在香港有一个朋友叫鲍耀明。鲍耀明先生当时要做日本文学作品的翻译，周作人就给鲍先生计划翻译的两本书和一本书目题写了书名，两本书是《源氏物语》和《澶东绮谭》，都是日本文学的名著，那书目是《中译日文书目考》。但是鲍先生后来一本书也没有翻译完成，只留下了周作人题写的这三个书名，装裱在一页纸上。鲍先生谈起这些觉得蛮有意思。我说这蛮好，他说你觉得好玩就送给你。我就是这样得到了这份手迹。

高丹： 比较有趣的是，可以发现周作人是"一鸡多吃"的，他投寄香港的著译作品，有的在内地曾经发表，是他重抄投寄的，比如黄乔生先生考证的发表在 1964 年 1 月 16 日《新晚报》上的《古文观止》，就是以前的文章；《四库全书》一文，1949 年曾以《漫谈四库全书》为题发表过；与《四库全书》同时发表的《爱啬精气》也是旧作。所以这批手稿是否缺乏那种"首次发现"的新奇和重要的感觉？

陈子善： 这不奇怪。当时周作人是靠写作生活的，靠稿费维持生活。所以在内地发表的文章也可以拿到香港发表，因为香港的读者看不到内地的报纸，内地的读者也看不到香港的报纸。

另外，周作人的手稿，不管文章是否发表过，手稿本身就有独特的价值。如果这篇文章没有发表过，那么手稿当然看上去好像更珍贵。但是这四十一篇手稿，其中一部分当时就已经发表过，还有一部分后来也都收到书里面去了。

现在我们讲的，比如经常在拍卖会上出现的作家的手稿，没有发表过的并不是很多，有相当部分都是发表过的。但是发表过的仍然有研究价值，比如说发表出来的跟手稿可能有所不同，一篇文章发表的时候，编辑有所删改，是有可能的。

所以我们现在看周作人的原稿，它有多方面的价值。其中一方面可以看周作人的书法，另一方面可以看他怎么构思的。这些文章基本上没有什么大的修改，我们看这些手稿，基本上是非常清楚的，有几篇文章的个别地方略有修改，补改几个字而已，绝大部分都是一气呵成的。不得不承认，他当时作为七八十岁的老人，思路还是非常清晰，很难得。

另外，除了未曾发表的手稿，已经发表的也需要认真地比对，以手稿为准。这些手稿发表时，有可能有这样或那样的改动和变动，这就需要我们从事研究工作的人来做这项比对工作。所以说现在被拍卖的这批手稿，它本身具有独立的学术价值和鉴赏价值。

高丹：这些手稿此次拍卖可能和罗孚的后人关系比较大，因为这些手稿都是罗孚所收藏的，你可以简单介绍一下周作人和罗孚的交谊吗？如黄乔生也考证，罗孚对于周作人的经济上的帮助很大。

陈子善：首先，罗孚当时是我们内地派驻香港从事文化宣传工作的一位负责人。他是中共党员，是有使命的。他在香港编《新晚报》，宣传内地的政治、经济、文化。其次，罗孚同时也是一个文学家，他自己也搞创作，当时在香港他也写了很多散文、杂文和随笔，写得非常漂亮的。像罗孚那一代人，他们都非常喜欢五四新文学的代表人物的作品，比如鲁迅的作品、周作人的作品，所以他知道周作人。他通过曹聚仁知道周作人在北京，还在继续写作，继续搞翻译。他最初是通过曹聚仁获得周作人的稿件的，罗孚发表了周作人的文章，当然也付给周作人稿费。这对罗孚来讲是一个职务行为。

我后来跟罗孚先生当面讨论过这个问题。我说你对周作人生活上面的帮助很大。他说："我这是一个职务行为，并不是我想帮助周作人就可以帮助周作人。"他付的稿费对周作人的帮助确实很大，他感到遗憾的是有一部分文章当时没有能够发表，不然可以支付更多的稿费来支持周作人的生活。虽然是职务行为，但如果罗先生不喜欢周作人的作品，就不会向周约稿和刊登周的作品，我们也就读不到这批作品了。应该感谢罗先生。

高丹： 止庵也谈及"周作人某些方面的风格，主要体现于集外文中"，而且你研究张爱玲和周作人，都注意到了他们刊登在报刊上的文章别有一种新意。你怎样看待周作人给《新晚报》投稿的这些文章？周作人是否也给很多别的报纸投稿？

陈子善： 这些文章是周作人在 20 世纪五六十年代，主要是 60 年代初写的，这些文章表现出了周作人的博学，他是什么题目都可以拿来写的，而且写得很有趣。这些随笔谈古说今，涉及古今中外各个方面，介绍一本书也好，谈民俗也好，说饮食也好，都能够讲出一些有趣的东西来，说明他的学问很广博，也说明他到了那个年龄思维还是非常活跃的。

而且他这些文章有的还蛮长的，不是很短，20 世纪 50 年代初他给上海小报《亦报》《大报》写的那些文章都很短，当然当时有篇幅的限制。但给《新晚报》写的这一批文章有长有短，有的很长的，非常有意思；有的回忆录很有分量的，比如刚才讲的《钱玄同的复古与反复古》是篇长稿，体现了他晚年在艺术上能够达到的一个水准。

他当时只给跟我们内地有关系的香港报纸投稿，不给香港其他的报纸投稿。周作人脑子很清楚的，他不随便跟你谈，如果这个杂志的背景是亲国民党的，他就比较小心，不投稿了。他很谨慎，而且当时的历史条件也不允许，万一出什么事情是很严重的。所以他就是给罗孚投稿，他知道罗孚是我们这里派出去在香港的，他信任罗孚先生。

高丹： 作为《周作人集外文》的编者，在编《周作人集外文》时，你用的更多的材料来自哪里？是一些图书馆、博物馆、纪念馆吗？

陈子善： 当然主要是利用图书馆，也利用了像鲁迅博物馆、上海鲁迅纪念馆这样专门的收藏机构，主要还是依靠上海图书馆和几所大学图书馆的收藏。如果有手稿，当然也要充分利用手稿。所以这一次这四十一篇手稿公布以后，已经发表过的就可以进行校对了。没有找到手稿，就没办法校对。经过手稿校对的文章可能更符合周作人的本意，他原来是这么写的。

高丹： 你站在一个研究者的角度如何看这种在拍卖会上偶然出

现的名家手稿？

　　陈子善：首先我们要掌握信息，哪里在拍卖，拍卖的是什么手稿，这些手稿对哪些研究者有用。因为对收藏者来讲，手稿的作者是个名家，他当然会考虑去收藏。但是收藏者跟研究者的角度可能不太一样，收藏者只要是名家，就一定要去收藏，只要他自己判断认为这个值得收藏，他就会收藏。

　　而对于研究者来讲，他总有一个方向，比如周作人手稿我感兴趣，为什么感兴趣？就是因为我们在编《周作人集外文》，我们这个工作还在进行。我和赵国忠先生，我们还在继续编，止庵先生一直也参与编订。如果换了另外一个作家的手稿出现，但不属于我所研究的范围，我就不一定去关注了。

　　所以说研究者关心的角度跟收藏者关心的角度可能是不一样的。但是无论如何，只要这个作家在文学史上有一定的地位，他的手稿的出现一定会引起关注。前一阵子茅盾一批手稿的出现也引起了很大的关注。

　　这些作家手稿的出现会给我们研究者带来新的研究课题。有的可能没有发表过，那更有研究的价值，即便发表过了，你也可以进行比对，也可能会有新的课题产生。所以为什么最近这些年现代作家手稿广受关注，不是没有道理的，它会给文学史研究工作带来新的生机。

　　　　　　　　　　　　　　（原载 2020 年 12 月 3 日澎湃新闻网）

莫言手稿，比诺贝尔奖离我们更近

访谈人：沈嘉禄 [①]

沈嘉禄: 中国作家莫言获得诺贝尔文学奖后，文学界比较淡定，评价比较恰当，但社会其他层面十分喧闹。随之而产生的诺奖效应也快速显现，比如莫言是至今不用电脑写作的少数作家之一，他给出版社或杂志社的手稿很多，给人家题赠的书法作品也很多，现在都成了可囤积爆炒的奇货。有媒体报道，莫言作品手稿一夜之间飙升至百万元，您怎么看这个现象？

陈子善: 这个现象的出现，不是偶然的、不可理解的。莫言荣获诺贝尔文学奖，打破了中国籍作家一直无缘问鼎诺贝尔奖的纪录，这是零的突破，意义重大。因此，各界作出热烈反应，理所当然。文学评论界不也纷纷表态，各抒己见吗？旧书商闻风而动，炒卖莫

---

① 沈嘉禄，文新联合报业集团《新民周刊》主笔。

言手稿也就可以想见了。毕竟莫言还是至今仍然不用电脑写作的少
数作家之一，还有手稿可以炒作，否则，想炒作也无从炒起，机不
可失啊。但我感到惊讶的是，一，莫言竟有那么多手稿未能得到妥
善保存而流散在外，大概他本人也没有想到吧。四年前，我在香港
与莫言一起开会，与他讨论过他的作品集的装帧问题，遗憾未能谈
及手稿，否则，我可向他提供一些建议。二，没想到莫言的手稿一
下子被炒得那么高，炒作难免，但应该有个限度，超出了这个度，
其实际效果如何，就是另一回事了。一篇手稿一夜之间飙升至百万
元之巨，那就十分离谱，恐怕不会有人问津。

沈嘉禄：从艺术市场看，通常情况下，已经去世的作家，其手
稿是比较有收藏价值的，在世的作家一般没人炒作，是不是这样？

陈子善：已经去世的有成就的作家的手稿，近年来一直受到追
捧，拍卖行情不断攀升。鲁迅健在时，他的杂文手稿被摊贩拿来包
大饼油条，根本不当回事；现在他的手稿，哪怕只是一张小纸片，
也早已价值连城，绝大部分被国家珍藏了。这里有两个先决条件不
能缺：首先是作家已经去世，即这位作家不可能再写作了，流通领
域一旦出现其手稿就备受关注，因为物以稀为贵，卖出一件就缺少
一件；其次是这位作家必须真的是有文学成就的，不但受到文学史
家推崇，一般读者也都知道其大名，如鲁迅、胡适、周作人、巴金、
沈从文、张爱玲等。虽已去世但文学成就不高、文学史很少提到的
作家的手稿，中国现代文学馆和大学图书馆也许还会收藏，以供研
究之需，但收藏界往往会认为其影响不大、价值不高而致其遭到冷

落。至于健在的作家，哪怕是获得了国内鲁迅文学奖、茅盾文学奖的知名作家，其手稿通常鲜有人关注，因为他还在写作，因为他进入流通领域的手稿未必是他的代表作品。这次莫言确实是例外，原因就在于他获得了诺贝尔文学奖。

沈嘉禄：我看莫言的书法作品是有些文人气息的，自由散淡，无矫饰，无强悍，作为艺术品进入流通领域不会有太大的疑问。但他的书稿，在书写过程中，受情节人物的驱动，一路写来比较随意或匆忙，是不是也有同样的价值呢？据说他与四川一个作者合作了一部电视连续剧，但没有拍，获奖后，这部手稿一下子涨到一百二十万元。

陈子善：我曾经说过，作家手稿的价值是多方面的。"校勘家据以校书，研究家据以探索创作心路，写作者据以揣摩'不应该那么写'的技巧，书法爱好者可欣赏书艺，收藏家自把它作为文物，古董商则拿它倒卖换钱。"对莫言的手稿大概也可作如是观，把其中的"古董商"改为"今董商"即可。我同意你的看法，莫言的毛笔字自有其个人风格。但他的手稿是否都能以书法作品视之，恐怕还要具体情况具体分析。不过，即便某部作品存在这样那样的不足，如果确实在书法上有其特色，仍不妨以书法作品视之，至于暴涨到是否真的值那个高价，则又是另一回事。

沈嘉禄：这些年来，刘半农、张元济、胡适、郁达夫等文化名人的手稿在拍卖会上频频露面，并拍出高价，周作人的手稿曾经以三百五十八万元创下最高纪录。您认为中国现当代作家的手稿会以怎样的行情走下去呢？

　　陈子善：在我看来，只要经济不发生大的波动，现代著名作家、学者的手稿，包括各种体裁的著作、题跋、书信和日记手稿等，在今后相当长的一段时间里的行情会继续上涨。理由很简单，研究界、收藏界乃至爱好文学的普通读者已越来越认识到手稿的多种价值，也即在某种程度上已对此达成"共识"，这样，行情看涨就势所必然了。

　　沈嘉禄：您是研究张爱玲的专家，张的手稿在中国大陆艺术市场上出现过吗？有没有人伪造过她的手稿？

　　陈子善：张爱玲的手稿流传在外很少，前期手稿绝大部分散失，后期手稿主要保存在两个地方：一，出版其作品的台湾皇冠出版社；二，张爱玲文学遗产执行人宋以朗先生处。但是，去年秋天在香港有人拍卖了张爱玲《〈张看〉自序》手稿，今年夏天这份手稿在北京再次被拍卖，价格已翻了好几倍。我看过这份手稿，共十一页，钢笔书写，一气呵成。另外，张爱玲的书信也已在香港和北京拍卖过数次了。但据我所知，至今还没有发现有人伪造她的手稿[①]。

　　沈嘉禄：您认为文化名人的手稿最好的归宿是在私人手里好

---

　　① 这篇访谈发表之后，十多年来，伪造的鲁迅、郁达夫、张爱玲等著名作家的书信和字幅等，已屡次出现于拍卖场，应该引起学术界和收藏界警惕。

呢，还是在国家纪念馆里好呢？

陈子善：这个问题比较复杂。从理论上讲，作家、学者的手稿由国家相关机构，如各级各类图书馆、博物馆、文学馆、纪念馆保存比较理想，保存条件也比较好。20世纪80年代初我到北京图书馆查阅郁达夫《毁家诗纪》手稿，手续严格，阅览时要戴白手套，摘抄时不能使用钢笔、圆珠笔，只能用铅笔，等等。但是，不是没有问题，"侯门一入深如海"，今天要查阅公家收藏的手稿有种种复杂甚至苛刻的限制，很不方便。反而私家的收藏，如果知道研究者真正需要参考，收藏者往往会乐意提供帮助。所以，我认为手稿和书刊一样，公家收藏和私家收藏应该并存，应可互补。

沈嘉禄：过去中国作家对自己的手稿不大重视，文化机构也屡屡被曝将作家手稿和捐赠图书当废纸卖的新闻，这说明了什么？后来作家"换笔"了，也对手稿重视起来了；上海作家协会对作家征集手稿，好像也不很顺利。

陈子善：过去许多当代作家确实对自己的手稿不大重视；文化机构，如出版社之类将作家手稿随意处理也时有所闻，现在市面上流通的不少作家手稿，包括莫言的手稿，不都是这样流散出去的吗？这说明作家本人和相关机构都缺乏史料意识，未能充分意识到手稿多方面的研究价值（当然也有经济价值）。不过，这种状况现在已在改变，作家们已开始重视自己的手稿，都在考虑或着手安排如何使自己的手稿将来有一个合理的归宿。当然，有关单位征集作家手稿是一个长期的工作，水到才渠成，欲速则不达。

沈嘉禄：据您在国外访书的经历及对历史现象的研究看，外国著名作家的手稿是否也进入了流通渠道，并形成专题收藏家群体？

陈子善：国外早就有人专门收藏和研究著名作家的手稿，并从理论上加以概括。所谓"文本发生学"就是针对手稿而言的，手稿研究已成为作家研究必不可少的一个重要组成部分。同时，手稿拍卖也一直是国外大拍卖行的热门项目，几乎每年都有名家手稿上拍。此外，影印出版手稿也是题中应有之义。近年来内地也已重视这项工作，除了现存鲁迅手稿已经全部影印外，周作人、茅盾、巴金、老舍等重要作家的手稿都在陆续影印出版，当代作家陈忠实的代表作《白鹿原》也已出版了手稿影印本。总之，对作家手稿，收藏、拍卖、影印、研究等各项工作，国内外都已经十分重视。

沈嘉禄：您是如何处理自己的手稿的？在国外您购买过作家手稿吗？

陈子善：我至今不用电脑写作，所以手稿一大堆，从草稿到誊录稿都有，杂乱无章，还未考虑如何处理。我 1997 年在日本东京神保町为上海鲁迅纪念馆购买过鲁迅 1936 年 3 月 20 日致内山完造的一页信，至今引为得意。我不专门收藏手稿，但在香港以比较便宜的价格购买过诗人曹辛之、周策纵等位的手稿。我还收藏了周作人、郁达夫、台静农、丰子恺、张爱玲、黄裳等著名作家的手稿（包括书信）。

沈嘉禄：另一个与手稿和图书有关的问题：中国好像也没有使

用及收藏藏书票的气氛和传统，您在这方面收获颇丰，能与大家分享这方面的欣喜与经验吗？

陈子善：藏书票作为藏书印记，与中国的藏书章性质、用途相似，但确实是舶来品，进入中国的历史才一百多年。至今收藏藏书票只是小众的爱好，但已在中国形成一个规模不大却比较固定的收藏群体。就上海而言，已有交流藏书票的刊物和定期的藏书票展览。香港、台湾和北京、上海都有收藏国外著名藏书票作者作品的藏家，譬如英国塞维林（Mark Severin，1906—1995）的情色藏书票，上海有几位藏家的收藏就相当可观。我个人以前致力于收藏中国现当代作家的藏书票，如宋春舫、叶灵凤、施蛰存、巴金、曹辛之、范用等位的藏书票，我都收藏，但近年来由于时间和精力等多方面的原因，这个爱好未能继续保持。

（原载 2012 年 11 月上海《财富堂》11 月号）

关于话剧《卞昆冈》的对话

访谈人：《上海壹周》记者

《上海壹周》：徐志摩、陆小曼合著的五幕话剧《卞昆冈》最近将在上海公演，你是专攻中国现代文学的，对徐志摩研究有很大兴趣，能不能谈谈你的看法？

陈子善： 今年（2000 年）夏天，我到徐志摩的"精神故乡"——英国剑桥去小住了一个月，天天走过徐志摩就读的皇家学院，经常遥想他在景色秀美、人文气息浓郁的剑桥度过的日日夜夜。我在伦敦大学亚非学院图书馆善本室里意外地查到 1928 年 7 月新月书店初版的《卞昆冈》，毛边本，江小鹣做封面并配插图，而且书品完好。我摩挲良久，不禁想到，随着电视连续剧《人间四月天》的上映，徐志摩的诗文在今年"复活"，他与陆小曼合作的《爱眉小扎》已经脍炙人口，唯独他俩合作的这部《卞昆冈》，却一直无人问津，似乎已经被遗忘了。这不能不说是件憾事。现在，话剧界的有心人把它搬上舞台，终于填补了徐志摩作品流布的一个空白，也完成了徐志摩未了的一个心愿，很令人高兴。

《上海壹周》：不过，我有一个疑问，《卞昆冈》真的是徐志摩与陆小曼合作的吗？我以前只知道陆小曼会跳舞、会演戏、会绘画，不知道她还能写剧本。

陈子善：这个问题很有意思，可以详细谈谈。《卞昆冈》最初连载于《新月》1928 年 4 月第 1 卷第 2 号和 5 月第 3 号，从剧本结尾所署"四月二十三日"的写作时间推断，徐、陆合作《卞昆冈》的时间应为同年 3 月至 4 月。当时，徐志摩与陆小曼新婚宴尔，又创办了《新月》月刊，正雄心勃勃地在文学上再出发，《卞昆冈》可以说是他与陆小曼爱情的结晶，又可看作他在文学创作上的新尝试，因为他一直"对于话剧是有无穷的愿望的"。《卞昆冈》是他的话剧"处女作"，也是他在话剧创作上的唯一尝试。

徐志摩的好友、新月派戏剧大师余上沅很推崇《卞昆冈》。他在《卞昆冈》单行本序中说"我看见过原稿，那是大部分志摩执笔的""志摩根本上是个诗人，这也是在《卞昆冈》里处处流露出来的"。同时，"他的内助在故事及对话上的贡献，那是我个人知道的。志摩的北京话不能完全脱去硖石土腔，有时他自己也不否认；《卞昆冈》的对话之所以如此动人逼真，那不含糊的是小曼的贡献，——尤其是剧中女人说的话。故事的大纲也是小曼的"。余上沅的话无疑是可信的。所以，可以这样说，《卞昆冈》是徐志摩与陆小曼亲密合作的产物，由徐志摩最后执笔定稿。

有必要补充的是，据 1928 年 8 月《新月》第 1 卷第 6 号所刊《卞昆冈》出版广告可知，《卞昆冈》单行本是"著者又细心修改过的，与初出世时很有不同，我们处处看得出修改的进步"。不仅如此，"徐志摩先生自己又给写了一篇跋，他们是请读者到'后台'去参观了"。奇怪的是，这篇跋并未在《卞昆冈》单行本中印出，失传了，十分可惜。到底徐志摩会在跋中说些什么呢，也许他想披露他与陆小曼合作此剧更多有趣的细节？

徐志摩、陆小曼合作的剧本《卞昆冈》毛边本，1928 年 7 月新月书店初版

《上海壹周》：陆小曼真的有文学资格与徐志摩合写剧本吗？

陈子善：其实，陆小曼是很有文学才华的，这从《爱眉小扎》里缠绵悱恻的《小曼日记》可以看出来，从她怀念徐志摩的诗文中可以看出来，从她的《秋叶》等新诗中可以看出来，也从她 20 世纪 40 年代所写的构思精巧的小说《皇家饭店》可以看出来，《卞昆冈》是又一个有力的证明。徐志摩曾希望她在话剧创作上更有所作为，他在《卞昆冈》完成后不久的 1928 年 6 月 17 日给陆小曼的信中说过："这夏天我真想你能写一两短戏试试，有什么结构想到的就写信给我，我可以帮你想想。"可惜陆小曼后来没有动笔，否则，中国现代话剧史上将出现一位新的女戏剧家也说不定。

《上海壹周》：据说《卞昆冈》发表七十多年来，这次是首次被搬上舞台，是真的吗？

陈子善：实际情形是，《卞昆冈》单行本出版之前，中国戏剧社就在上海排练此剧，请余上沅导演。这在徐志摩1928年5月的日记和7月旅欧途中给陆小曼的信中都有记载。但不知什么原因，中国戏剧社最终未能正式上演《卞昆冈》。1930年7月，上海虹口艺社演剧部也排练过《卞昆冈》，但似也未上演。还有，徐志摩飞机失事后，当时提倡"爱美的戏剧"的北平小剧院的熊佛西、余上沅等人为了纪念，再次排演《卞昆冈》，似亦未成功。倒是20世纪30年代上海龙马影片公司成功地把《卞昆冈》搬上银幕，姜德明先生还珍藏着影片公演时的说明书呢。他认为，电影基本忠实于原著，是我国早期电影改编文学原著的一个实例。尽管如此，这次将《卞昆冈》搬上舞台，千真万确是第一次，意义自然非同一般。

《上海壹周》：我们围绕着《卞昆冈》已谈了许多，你还没对剧本本身发表意见，可以再谈谈吗？

陈子善：对《卞昆冈》的剧情，对《卞昆冈》的话剧艺术，我想还是留待观众自己去观看、去体验、去思索为好。大可见仁见智，各抒己见。我只想指出一点，这是诗人徐志摩和陆小曼写的一出人性悲剧。全剧笼罩着一种忧郁、悱恻和神秘的色调，从某种意义上讲已接近诗剧。剧中许多对话充满诗情，徐志摩那首著名的诗《偶然》亦在剧中被吟唱，可见他对此诗的偏爱。这一切，就请广大观众去慢慢欣赏吧。

（原载 2000 年 10 月 12 日《上海壹周》创刊号）

先生之风，山高水长
——关于《回忆台静农》答编辑问

访谈人：王为松 [1]

王为松：作为尊编《回忆台静农》一书的责任编辑，我感到很荣幸，使我对本来陌生的台静农先生有了较细致与丰富的了解，能否请你谈谈台先生其人其文及你编选这本书的一些想法。

陈子善：谢谢。台静农 1902 年 11 月生于安徽霍邱（现属六安）。五四运动后，他是北京大学的学生，学生期间就开始写作。他是 20 世纪 20 年代乡土小说的杰出代表作家，出版过《地之子》《建塔者》等短篇小说集，是当时未名社的骨干作家。一般人都知道他是鲁迅先生的学生。鲁迅对他的小说创作颇为推重，在编选《中国新文学大系·小说二集》时，收入了他的四篇小说，同时给予了切中肯綮

---

① 王为松，时任上海教育出版社编辑。

的评价。20 世纪 30 年代以后，台先生转而研究中国古典文学，到 20 世纪 70 年代，他才又创作散文。1990 年 11 月，他病逝于台北。由于台先生在抗战胜利后不久就到台湾执教，以至在大陆读者心目中渐渐淡化，现在年轻的读者，包括大学中文系的一些学生，恐怕连台静农是谁都不大清楚了。

王为松： 这本书给我一个明显的印象是：他还是一位不可多得的书画大家。他好像是从 20 世纪 40 年代就开始钻研书法与篆刻。书法是学明代倪元璐，然后变化创新，自成一家，名扬中外，又善绘梅花，意境高逸，极饶雅致。过去的文人都喜欢自己治印，替朋友治印。国画大师张大千先生的用印专集中，为他治印最多的就是台先生。这一些从启功、牟润孙、王静芝、江兆申等人的回忆文章就可看出。

陈子善： 其实台静农还是一位教育家，他在台湾大学任中文系主任二十年，桃李满天下，他的学生中不少已成为海内外人文学术界的专家权威，本书的作者阵容就是明证。

王为松： 你是怎么注意到台静农先生的，或者说，是什么原因引发了你研究台静农的兴趣？

陈子善： 一个偶然的机会，香港的一位朋友寄来一本《一九八四年台湾散文选》，我看到其中台先生写画家溥心畬的《有关西山逸士二三事》一文，怡淡悠远，文笔老到，读来感人肺腑。当年注释《鲁迅全集》书信部分时我已经接触到台静农这个名字，可惜当时两岸隔绝，无法与之联系，现在又读到他的文章，深为折服，乃起意搜集其散文，目的只是为了自己能多看一些多了解一些，可以说纯属个人兴味所至。后来收集越来越多，达到了出书的篇幅，那么让更多的人来了解台先生，美文共欣赏，岂不更好？所以我编了《台静农散文选》。这对两岸的文化交流也是一种推动。况且，大陆读者对台先生晚年的文学成就知之甚少，而作为"新文学的燃灯人"，他的著作在大陆的出版现状与其文学史地位和影响是很不相称的。他在大陆目前出版的作品，有四种，一是人民文学出版社出版的台先生早期小说集《地之子·建塔者》，一是人民日报出版社出版的拙编《台静农散文选》，天津的百花文艺出版社还出过一本薄薄的短篇小说选《死室的彗星》，还有就是北京荣宝斋出版的一本台先生的书法作品选。但是像《静农论文集》(台湾联经出版公司版)、《我与老舍与酒——台静农佚文集》（台湾联经出版公司版）、《台静农先生辑存遗稿》（台湾"中研院"文哲研究所版）等著作，现在广大大陆读者还不能见到，应该说是个很大的遗憾。希望将来大陆能够出版台先生的全集①，这对从事文学创作和文史研究的人来说，都将是个福音。

王为松：在台先生去世后，你又是怎样起意编这本《回忆台静农》的呢？

陈子善：即使我是个普通读者，读了台先生的散文之后，也会

---

① 《台静农全集》已于 2015 年 10 月由海燕出版社出版，共 11 卷 13 册。

激发对作者作进一步了解的愿望。散文集是台先生写别人，那么别人又是如何看待他的呢？我始终认为，对一个作家的研究，必须在坚实可靠的材料基础之上开展，这个基础包含三个方面：将其作品按初次发表的原貌完整地公之于世（文本），集中各个时期关于该作家综合或专门的学术研究论文（研究），再就是他的同时代人、学生、后辈及亲属的回忆文章（回忆）。三者结合起来才能构成一个整体。基于此，我们对于这个作家在文学史甚至文化史上的定位才有可能准确。尤其是回忆文章，往往写出许多鲜为人知、被时间所湮没的细节，而恰恰是这些真实而又生动的细节更为内在地再现这个作家的形象，有时也往往成为我们解读其文本的钥匙。本书作者本身都是两岸名流、散文高手，尤其是为数不少的女性作家，着眼细处，于一沙一石、一颦一笑中发现台先生的真性情，文章既有真挚的回忆，又是当代散文之佳构。

王为松：此书与你以往所编的《回忆郁达夫》《回忆梁实秋》《闲话周作人》等有个明显的不同，就是你这次在回忆文章之后又附录了台先生十六篇佚文，弥补了散文集的遗漏。

陈子善：你当初提议将佚文作为附录收入本书，正合我意。由于种种原因，当时编散文集时，有些文章虽已觅到却未能及时补入。散文集出版后，在海内外形成一定反响，受到不少识与不识的朋友的关心，这些朋友又为我提供新的查找线索，加之我自己近年来也发现了好几篇，这不，这篇《蒋善进真草千字文残卷跋》就是刚托学生从香港复印寄来的。这十多篇佚文中，有两篇值得向读者推荐一下，即台先生逝世前不久写的《酒旗风暖少年狂——忆陈独秀先生》与《忆常维钧与北大歌谣研究会》，后一篇是未完成的绝笔。最为遗憾的是，台先生还准备写一篇回忆鲁迅的文章，却未及动笔。以他的身份，他是目前台湾最有资格来谈鲁迅的一位，由于长期以来政治上的干扰，他只能被迫保持沉默。这是文学和文化上无可挽回的损失。

王为松： 近年来，你在搜集史料，促进海峡两岸暨香港的文化交流方面做了大量艰辛而富有成效的工作，难怪柯灵先生也认为你的成绩"很值得有心人感佩"。

陈子善： 柯灵先生这话是对我的鼓励和鞭策。我这些年来所做的这些工作，离不开志同道合的朋友们的关心支持。你刚才说让广大青年朋友多了解台静农、了解当代台湾严肃文化，无疑很有意义，台湾学界盛赞台先生之"学问、襟抱、道德、文章，犹令后学敬仰"。那么，这次由上海教育出版社来介绍这位当代教育家，是很合适与恰当的。

（原载 1995 年 8 月上海教育出版社初版《回忆台静农》）

相信张爱玲还是愿意谈谈上海

访谈人：王路 [①]

一切都是从鲁迅开始

王路：陈先生，可能大多数普通读者对您的认识和熟悉是从张爱玲开始的，但我也看到实际上在张爱玲以外，您在现代文学史上还有许多重要的研究，比如对于鲁迅作品的研究。

陈子善：大家一直把我看成是"张爱玲专家"，这实际上是一个误解。原因有二：第一我并不是只研究张爱玲；第二，对于张爱玲我也不是研究她的全部，而只是研究她的一部分，主要集中在她的作品的发掘上。因为"她"实在是太广大了，角度太多。所以说我是专家并不确切，只是一名研究者。正如你所说，对于鲁迅，包

---

① 王路，《旅游时报》主编。

括周作人、郁达夫、梁实秋等，我都下了不少功夫去做研究，但甚少有人把我称为"鲁迅专家""郁达夫专家"等。呵呵，这也是比较有意思的一个现象。

王路： 您最早接触鲁迅是什么时候？

陈子善： 大约是在我到江西省峡江县插队的时候。我种了两年地，但因为人太瘦了，他们就让我去民办小学教语文。当时毛泽东说过"读点鲁迅"，我就看了鲁迅的文章，非常喜欢他，也写了一点文章。

王路： 正式研究鲁迅是从江西回到上海以后吗？您当时参与了《鲁迅全集》的注释工作，但却从这个机缘中又成了郁达夫研究专家，能不能说说其中的过程？

陈子善： 我1974年回到上海以后，先在里弄生产组宣传科工作。当时流行"评法批儒"，我对里弄里的老妈妈宣讲学习法家的书。1974年11月到1976年1月，我在上海师范大学中文系培训班学习，毕业后留校，本来是分在写作教研室的，因为我对鲁迅作品感兴趣，系里又把我调到现代文学教研室。当时上面安排一部分年轻教师参加《鲁迅全集》的注释工作，这个工作是作为政治任务下达的。从1976年10月开始，我正式参加这个工作。

在这个过程中，我查了很多资料，注意到有一个跟鲁迅关系非常密切的作家，就是郁达夫。了解文学史的人应该都知道，创造社跟鲁迅的关系很紧张，但是，唯有郁达夫跟鲁迅的关系非常好，两个人没有红过脸。当时对于这一点我很感兴趣。20世纪70年代末时，学界对郁达夫的评价还比较低，负面的比较多，这也让我颇有些不平。所以我的兴趣又转到了郁达夫身上。我和王自立老师开始合作编辑《郁达夫研究资料》，后来在天津人民出版社出版了。

王路：这是不是您最早编的作家文集？应该说这个研究方法和您后来对张爱玲的研究也是一脉相承的？

陈子善：我记得当时南方的花城出版社，他们的思想比较开放，想出版两个长期遭到不公正待遇的现代重要作家的文集，其中就有《郁达夫文集》。因为之前有天津人民出版社的那本研究资料，他们就找到了我和王自立老师。从那时开始我走上了编辑作家文集的道路。我们编的第一本书是《郁达夫忆鲁迅》，当时只卖四角六分，但是收进了我们能找到的所有郁达夫关于鲁迅的文字。

在编郁达夫集子的过程中，我接触了很多文化界和郁达夫有过交往的文化老人，比如说夏衍、成仿吾。但是这两位都没有写回忆文章。成仿吾的秘书回复我说："老人年纪很大了，他听说你编这本书他很高兴，但是他没有精力写了。"不久，老人就故去了。夏衍也没有写，虽然我当时已经跟夏衍有过一些书信往来，但是当时我毕竟只是个初出茅庐的毛头小子。后来郁达夫的侄女郁风请他写回忆郁达夫的文章，他写了一篇很长的《忆达夫》。

王路：作为一个年轻人，您当时在编作家文集的时候，对不少历史往事和历史见证人有了充分的梳理和接触，因此虽然您年岁并不大，却别有一番视角来了解和理解他们。包括夏衍先生对鲁迅先生的一些看法……

陈子善：你说的就是打倒"四人帮"以后夏衍写的那篇长文吧。当时我们参加《鲁迅全集》注释的很多人都对夏衍那篇文章很有看法，认为他平反以后"反攻倒算"。我曾经在一个访谈中提到，我们书信注释组一个叫马蹄疾的绍兴人，还专门写了一封信去骂夏先生。当时是比较看重这样一种"情感"，现在回头来想，夏先生也只是表达自己的想法，并没有什么错。《夏衍全集》中这篇文章也收了，毕竟也代表对这段历史的一种看法，是一份重要的史料。

另外，当时我还有和沈从文先生的一段交往经历。也是为了研究郁达夫。因为沈从文和郁达夫有过交往，郁达夫的名文《给一个文学青年的公开状》就是写给沈从文的。沈先生其实挺能说的，有时候说到高兴处会哈哈大笑。但是他的湘西口音非常重，我不少话听不懂，但是不好意思问。那个时候没有录音笔，所以现在那些因为语言问题而缺损的谈话内容已经连贯不起来，无法回忆了。

王路：郁达夫之后就是周作人和梁实秋吧？

陈子善：研究郁达夫是因为鲁迅，研究周作人和梁实秋很重要的一个原因其实还是鲁迅。郁达夫是鲁迅的友人，而周作人、梁实秋他们应该算是鲁迅的"对立面"吧。我觉得，我们对鲁迅的研究，尤其是史料的整理已经很完善了，但是跟鲁迅相关的人物我们注意得还不够，无论是鲁迅的友人，还是鲁迅的"对立面"。在鲁迅的"对立面"这个领域里，我编的比较重要的书是周作人的集外文。

从鲁迅到张爱玲

王路：据我所知，"终于"到张爱玲了吧？（笑）从鲁迅到郁达夫到周作人到张爱玲——这是您的研究路线，可以说是一环套一环，每个之间都有联系，可以说从某种程度上勾勒了现代文学史的脉络。

陈子善：呵呵，是的。正是在 1986 年研究周作人的作品时，我发现了张爱玲的中篇小说《小艾》——应该说，当时张爱玲在国内文坛上并不是那么受关注，和周作人、梁实秋这样的当时已经受到较多关注的大家相比，当时张爱玲还是比较"小众"的。但我还记得 1985 年的时候，在《读书》杂志上读到柯灵先生的文章《遥寄张爱玲》，那应该是我比较早接触到的张爱玲。

后来经常有人问我，什么时候喜欢张爱玲的——这个问题还真的不好回答。因为就像我之前说的，一开始的时候张爱玲在内地并不是非常受关注的作家。虽然说，我们都知道 20 世纪 50 年代以后夏志清在《中国现代小说史》中高度评价了她，可是当时对她十分热衷的学者并不多——我也是非常偶然地从发现她的《小艾》开始，逐渐进入了她作品的世界——这是一个过程，在我研究的过程中，逐渐对她的作品世界有了较为深入的了解。

王路：之后您一直致力于"找"张爱玲的那些"鲜为人知"的作品，而这些作品可以说是验证了张爱玲的天才，因为不少是她自己从未提起过的，更有她中学时代的作品，像《霸王别姬》这样的。

陈子善：因为之前搜集过郁达夫、周作人等人的作品，所以沿着这个路子，从《小艾》以后我开始搜集张爱玲散失的文章。发现《小艾》之后，我复印了这篇小说并写了一篇评论发表在香港的《明报月刊》上，与晚年张爱玲保持最密切联系的宋淇认为这是掀起了"张爱玲震撼"。台湾的媒体很快也转载了，但是转载的时候把小说的尾巴改掉了（因为《小艾》是肯定新社会的），后来台湾皇冠出版社出版的时候又改动了一下。这样《小艾》就有了三个版本。

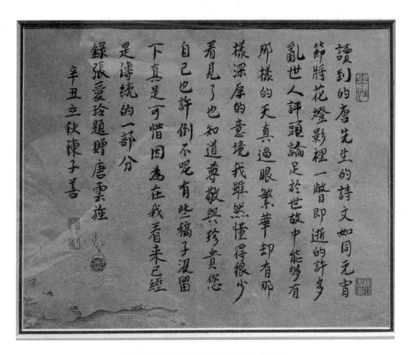

陈子善用乾隆角花笺抄录的张爱玲句

王路：当时张爱玲还健在，据说对《小艾》的出版并不高兴。

陈子善：因为她并不希望别人看到这篇作品。她写这篇作品的时候是在 1951 年到 1952 年，人还在内地。后来香港又印出了盗版，张爱玲很生气，在文章中也有所披露。

王路：那就这个事您最终和张爱玲沟通过吗？

陈子善：20 世纪 80 年代后期，张爱玲早已在美国定居，而且几乎处于与世隔绝的状态，除了老友，除了几位台湾报纸副刊的编辑，很少有人有机会可以和她沟通。当时她根本不出门，而且连电话也不接，一个月才开一次信箱。红学家魏绍昌到洛杉矶公干，巧遇张爱玲的邻居，于是托邻居把一份要求见面一谈的信放到张爱玲的邮箱。但是魏绍昌并没有得到张爱玲的回复，后来他才知道他离开一个月后"一位姓张的老太太"打电话到他当时住的朋友处。翻译家冯亦代到洛杉矶也找过张爱玲，却也因为她"迟复为歉"而错失见面机会。

我和张爱玲唯一的一次真实交集，是她在 1994 年时送了我一本书。她的姑父在上海，这位姑父是张爱玲在香港读大学时的监护人。我有一次去她姑父那里，那时张爱玲的最后一本书《对照记》出版，她姑父觉得我一直在做张爱玲研究，于是就问我有什么要求。我说我没什么要求，就请张爱玲送我一本签名本吧。姑父写信对张爱玲说了这事后，张爱玲就给皇冠出版社发了一个传真，让出版社给我寄书，信封上写着"张爱玲嘱寄"。但是书没有签名，她实在是个怕麻烦的人。她过世后宋淇先生的儿子在她的遗物中找到了那份传真。这是我和张爱玲唯一的一次"来往"。

王路：从鲁迅到张爱玲，这两位现代文学史上极其特殊的人物，于您的研究过程来说，仿佛有些"寓意"，因为他们从各方面来说都太不同了……

陈子善：应该说，在研究张爱玲以后，我越来越感到对于作家的评价是非常复杂的。在某一个时代，人的认识和人生的选择是非常不同的，我们很难说"只有这样是最好的"，成就可能有大有小，作品有人喜欢有人不喜欢，比如说我们现在看到，改革开放以后，鲁迅自不必说，郁达夫、沈从文、老舍、钱锺书、张爱玲、萧红……他们都受到了广泛的关注，而他们之间却又是那么不同，风格不同，艺术追求也完全不同。不仅如此还有另一路的，例如周作人、林语堂、梁实秋，他们一样也是很有成就。

从张爱玲到上海

王路：您刚才提到的鲁迅、郁达夫、沈从文、老舍、钱锺书、张爱玲、萧红、周作人等，他们中大部分都在上海生活并创作过，尤其是张爱玲和鲁迅，他们虽然是截然不同的两路人，却又都是以上海为中心地进行创作的。相比现在来说，当时上海是真正的中国文化中心。

陈子善：这有几方面的因素。一方面是当时上海有租界，这个租界是个奇特的"地盘"，不论是文化人还是革命者，都需要租界这样一个具有"缓冲"意义的地带。确实，当时几乎绝大部分的新文学作家都来过上海。周作人是个例外，比较多地待在北京，他非常不喜欢上海，对上海印象不好："十里洋场"让他觉得不舒服。当时和现在的情形有点儿像，上海有高楼大厦，物质的部分非常张扬。另一方面我觉得是鲁迅的缘故。当时因为鲁迅在上海，他真的是一个非常具有标志性的人物，很多人就是投奔他而来的，像萧红、萧军就是。新中国成立以后，除了巴金，许多作家都去了北京，不可否认，从某种程度上来说，上海文化中心的地位已逐渐丧失。

王路：所以现在很多人都在说"怀旧"，一方面是对那个文化中心的怀念，另一方面也是表达对现时那些不甚完美的部分的遗憾。您是如何看待这个问题的？

陈子善：其实我不认为那是个"花好桃好"的时代。怀旧无可厚非，但不必到"过分"的程度，说 20 世纪 30 年代怎么个好法，好像说什么"会喝咖啡""名门闺秀"就很了不起。真的是这样吗？那个时代问题大得很。所以对于怀旧，我觉得要区分对待，比如从个人角度来说，你的祖父是银行家，那你怀旧还能理解，其实是一种个人的情绪；但从一种集体的思潮来说，还是要更实事求是。那个年代很多穷人的生活完全不是现在所可以想象的，如果大家都有房有汽车，谁还会革命呢？与此同时，对于那个时代的研究我们是不是真的透彻了？我们应该"怀"的那个时代的真正的好，我们真的发现了吗？

王路：但现在的城市正在逐渐变得"粗鲁"，这可能也是人们对张爱玲作品中的那个上海越来越怀念的原因吧?

陈子善:我觉得从公共的领域来说,张爱玲的时代已经远去,那个时代的上海也不可能再被复制,但人类基本的情感是相通的,人的饮食起居、谈情说爱,都是千古不变的事情。人们共鸣的更是这一个部分。

而从个人的角度来说,也许是年龄的关系,我现在越来越相信"随遇而安",随意自在就好,不必刻意追求。所以我希望这座城市的发展也可以"停一停",慢一点。

回到张爱玲的话题上,有人曾经问我,如果能和张爱玲交谈,谈什么话题呢?我想,还是谈谈上海吧,毕竟上海成就了她,她与上海的联系千丝万缕。虽然她后来不愿意再回来,但上海还是她的精神故乡。我想,上海会是一个她愿意谈的话题。

(原载 2011 年 8 月 23 日上海《旅游时报》)

空白的空间，苍凉的回味

——关于张爱玲研究

访谈人：章颖①

　　章颖：张爱玲是中国现代文学史上最独特的作家之一。她的文学成就和创作经历别具一格，不可复制。请您谈谈张爱玲的文学成就及她在中国现代文学史上的特殊地位。

　　陈子善：在我看来，新时期以来中国现代文学研究的一个重大收获，就是重新发现了张爱玲。张爱玲在 20 世纪 40 年代中国文坛的崛起，是新文学成熟的标志之一。张爱玲曾在她的英文自传中自诩是五四的产儿，但她全部的文学创作表明她在一定程度上超越了五四新文学传统。张爱玲自觉地从中国古典文学（她曾在另一场合强调自己"属于一个有含蓄的中国写实小说传统"）和外国文学（包

----

　　① 章颖，《北京文学·中篇小说月报》编辑。

括通俗文学）中汲取养料，努力克服"新文学腔"，创作了具有她个人鲜明特色和深远艺术魅力的小说和散文。她的名字已深深镌刻在20世纪中国文学史上。她是中国现代最优秀的作家之一，以至"张学"也已蔚为大观，2003年中国内地研究张爱玲的学术论文数排在鲁迅、胡适之后，2005年仅次于鲁迅，就是一个明证。

章颖： 提到张爱玲的美学风格，我们总会想到"苍凉""华丽""参差"等词汇。张爱玲小说的美学风格在中国现当代文坛可谓独树一帜。她自创了一个美学术语——"参差"。所谓"参差"，指的不是两种东西的截然对立，而是某种错置的、不均衡的样式。张爱玲在《自己的文章》中就说："只是我不把虚伪与真实写成强烈的对照，却是用参差的对照的手法写出现代人的虚伪之中有真实，浮华之中有素朴。"您怎么理解这种"参差"的美学？它体现在张爱玲小说的哪些方面？这种美学的成因是什么？

陈子善： 张爱玲是坦率的，从不讳言自己的文学观点。她多次公开谈论自己的文学主张，除了你已引用的，她还说过："我用的是参差的对照的写法，不喜欢采取善与恶，灵与肉的斩钉截铁的冲突。"她的小说、她的电影和她的散文，都不同程度地贯彻着她这种与众不同的创作主张。在我看来，张爱玲"参差的对照的写法"，在她小说人物的塑造上体现得最为充分。《金锁记》中的曹七巧、《倾城之恋》中的范柳原和白流苏、《红玫瑰与白玫瑰》中的"红白玫瑰"乃至《同学少年都不贱》中的几位女生等等，他们经历的坎坷、性格的复杂，不都写出了"现代人的虚伪之中有真实，浮华之中有素朴"？应该指出，张爱玲确实找到了属于她自己的最恰当的文学表现手法。更应该指出的是，"参差"不仅是她的艺术创作准则，更是她的一种生活态度，是她对生活的一种认识和感悟，正如她自己所表白的："我是喜欢悲壮，更喜欢苍凉。壮烈只有力，没有美，似乎缺少人性。悲壮则如大红大绿的配色，是一种强烈的对照。苍凉之所以有更深长的回味，就因为它像葱绿配桃红，是一种参差的对照……悲壮是一种完成，而苍凉则是一种启示。"

章颖：20 世纪 40 年代的上海，张爱玲的《传奇》一出版，一时间洛阳纸贵，堪称当时最火爆的畅销书，在读者中产生了广泛的共鸣。但她的作品并不像那些昙花一现的畅销书，时过境迁后便销声匿迹，被人遗忘。张爱玲的小说拥有长久的生命力，时隔半个多世纪，张爱玲的小说依然具有吸引力，这也奠定了她在中国现代文学史上的特殊地位。您认为张爱玲的小说具有普遍而长久的影响力的根本原因是什么？这对我们当代小说创作有什么启示？

陈子善：张爱玲的小说，还包括她的散文，之所以具有经久不衰的影响，成为现代文学的"经典"，原因很多，很值得研究。我只说一点。从表面看，张爱玲只写男女私情、世俗婚姻、家庭琐事，题材未免狭隘，但她的高明恰恰在于她一直写她自己最熟悉最感兴趣的。张爱玲透过她笔下的男女私情、世俗婚姻、家庭琐事，直指复杂的人性；透过她笔下的女性的天真和浪漫，男性的猥琐和现实，表达她对人的情感（不仅仅是爱情）的怀疑和诘问。她对"正常的人性的弱点"的关注，其实也委婉曲折地表达了她对诸如国家、民族、战争、性别等重大问题的独特的看法。至于作品形式的精致含蓄，对文字的不懈追求（在新文学作家中，张爱玲的文字功力是出类拔萃的，像鲁迅一样，她小说、散文中的许多隽永名句都已成为警句，为人们所传诵），也更为她的作品平添一层艺术魅力。

章颖：您最喜欢张爱玲的哪部小说，为什么？

陈子善：张爱玲的绝大部分小说都是精品，都能令人玩味再三，但我最欣赏的还是《金锁记》。这倒不仅因为傅雷曾推崇该小说是"我们文坛最美的收获之一"，更因为这部小说主题深刻，结构完整，文字表达娴熟。小说塑造的曹七巧，她性格的偏执、心理的复杂，令人"毛骨悚然"之余，不能不承认这是中国新文学史上最"光彩照人"的女性形象之一，足以与鲁迅笔下的子君、丁玲笔下的沙菲、沈从文笔下的翠翠、曹禺笔下的繁漪等相媲美，虽然她们命运各异，性格也迥然不同。

章颖：1983 年，张爱玲将《色，戒》和其他两个小故事《相见欢》《浮花浪蕊》集结成《惘然记》出版。事实上，这三部小说在 20 世纪 50 年代即已各自成篇，但之后屡经"彻底"改写，收入小说集后还有所改动，其中以《色，戒》的构思最早，也最受关注。在张爱玲的所有小说中，《色，戒》是最短的一篇，短短一万八千余字，却花了她将近三十个寒暑的时间才完成。张爱玲在序中说："这三个小故事都曾经使我震动，因而甘心一遍遍改写这么些年，甚至于想起来只想到最初获得材料的欣喜，与改写的历程，一点都不觉得其间三十年的时间过去了。爱就是不问值得不值得。这也就是'此情可待成追忆，只是当时已惘然了'。"这似乎说明《色，戒》这篇小说在张爱玲的世界里有特殊的地位。媒体采访时，您也曾经说过，《色，戒》不是张爱玲特别出色的作品，不能算是张爱玲的代表作，却是比较特别的作品，写的是复杂而深刻的人性，题材特别，写法也特别。您能具体谈谈《色，戒》的题材、写法的特别之处以及它对张爱玲的特殊意义吗？

陈子善：《色，戒》的创作时间前后长达三十余年，有论者据此判断这篇小说对张爱玲有特殊意义，其实这里有误解。张爱玲明确说过，构思《色，戒》始于 1953 年。但并不是说三十年间她一直在创作在修改《色，戒》。她有许多事要做。张爱玲 1955 年秋到美国后就埋头于英文创作，后又致力于为香港电懋公司撰写电影剧本，以及在加州大学伯克利分校中国研究中心从事研究工作，直到 20 世纪 70 年代初才重新回到中文创作上来。所以确切地说，她是断断续续写《色，戒》，才写了三十余年。

当然，《色，戒》在张爱玲的小说中占有特殊的地位，特殊的题材、特殊的男女之情、特殊的表现手法等。同样是写世间苍凉，人性无情，《色，戒》比张爱玲其他小说更为极端，更为另类。《色，戒》篇幅特别精练，有很多很多"留白"，很多很多弦外之音，从而提供了多种阐释空间。至少，《色，戒》力图揭示在激烈动荡的历史关头，个人其实是很渺小的，很弱小的，身不由己，无奈与无助。人性又是那么复杂，那么被压抑，那么深不可测。即便是写男女之情，写原始情欲，这本是张爱玲的拿手好戏，但在《色，戒》中也有不俗的表现。女性以牺牲为爱，男性以无耻为爱，以及双重的背叛，都被表现得淋漓尽致。如果说张爱玲小说的基调是"苍凉"，那么，《色，戒》真是"苍凉"之极。

章颖：众所周知，张爱玲对电影这门艺术是特别偏爱的，她是个货真价实的影迷。有人认为她的小说和剧本受好莱坞电影的影响，有好莱坞电影的痕迹。您怎么看这一说法？

陈子善：张爱玲确实是个不折不扣的影迷，写过许多精彩的英文影评和中文影评。不仅如此，她对电影这种 20 世纪新兴的综合艺术样式有着深刻的见解，她说："电影是最完全的艺术表达方式，更有影响力，更能浸入境界，从四面八方包围。"她的小说大量而又恰到好处地采用电影表现手法，如蒙太奇手法，这是比较明显的。许多评论者都认为她的小说和电影剧本受好莱坞电影的影响，我对好莱坞电影缺乏系统的研究，不敢乱说，但从张爱玲广受市民阶层好评的电影《不了情》《太太万岁》等看，其创作手法受到当时流行一时的好莱坞喜剧电影的启发是完全可能的。

章颖：我知道您已经看过李安导演的电影《色，戒》，您认为改编得怎么样？

陈子善：我观看的李安导演的电影《色，戒》是删节版，还没有看过完整版。但我认为既然删节版为李安所认可（媒体报道是李安亲自操刀剪辑的），那么，不妨把删节版看作电影《色，戒》的另一个正式版本，可以作另一种解读。完整版和删节版作为两种不

同的电影文本，形成了阐释的张力，很有趣。更有趣的是，对电影
《色，戒》在艺术层面上的得失有两种截然不同的观点，一种认为
李安读懂了张爱玲，《色，戒》改编得非常出色。另一种认为李安
误读张爱玲，改编基本失败，虽然他坚持不用"旁白"是了不起的。
我的看法是李安的改编从总体而言还是成功的，尽管电影的基调已
有所改变，李安是借张爱玲的《色，戒》来表达他自己对那个年代
那段历史和小说男女主人公的新的理解。电影对人性的开掘还是有
深度的，电影的想象空间也是充沛的，虽然增添的一些场景和细节
经不起仔细推敲。把张爱玲的小说改编成电影是一次巨大的挑战，
因为张爱玲的小说文字太精美了，往往留白也很多，转变成电影语
言难度很高，李安能做到这样已相当不容易了。

（原载 2008 年 1 月《北京文学·中篇小说月报》第 61 期）

辑
三

谈学术追求

钩沉辑佚，以小见大

访谈人：张德强 [1]

张德强：今年（2018 年）6 月，《解放日报》上发表过一篇名为《东余杭路上的夏日"柳荫"》的报道，生动再现了您童年生活中的一个侧影。请问，您的学术追求与艺术趣味最初是如何萌芽的，其中是否有对您后来走上学术之路影响深远的"事件"？

陈子善：1948 年 12 月 7 日，我生于一个小公务员家庭，父亲是国民政府盐务局的小职员。父母亲全是土生土长的上海人，中国人民解放军横渡长江以后，我全家都留在了上海。我父亲不久就在杨树浦正广和汽水厂谋到新职业，全家就从沪西江苏路搬到了距离汽水厂较近的沪东东余杭路，就是你说那个报道里提到的"柳荫小筑"石库门房子。我的童年、少年和青年时代基本上是在 20 世纪

---

① 张德强，南京艺术学院人文学院副教授。

50 年代大的文化氛围当中度过，也没有什么特别与别人不同的地方——对我们这一代人来说，那是个在历史感受与生活记忆方面都呈现出比较明显的同质性的年代。1953 年我上幼儿园，1956 年下半年升入提篮桥区公平路第一小学。和别的孩子一样，我也加入了少先队。我小时候是个比较规矩的学生，幼儿园时的老师对我留下过这样的评语："集体游戏时没有兴趣，不和小朋友争夺玩具。"所以说，我不大擅长集体游戏，也不爱和别人争什么，这是从小养成的习惯。说到我的"早年经历"，也就是这么按部就班而来。不过，我倒是比身边的孩子更喜欢读书，也爱讲给别人听，这和我后来走上学术道路，也许有一定的渊源关系。在小学高年级时，我已经对文学非常入迷，像《水浒传》《西游记》《隋唐演义》《七侠五义》《小五义》之类，我的确是囫囵吞枣读过，又忍不住和小伙伴分享。虽然爱读书，但我小学成绩并不很出众，基本是中上而已。升入中学以后，我开始显示出一点作文能力。现在碰到中学同学，大家还说我作文常被老师称赞。除了爱读书，作文好跟我后来走上现代文学研究道路也是有关系的。与此同时，我的自然科学成绩，比如数学、物理的成绩也都还算良好。

一般人读小学时好奇心很强，到了中学，求知欲便开始明显增加。我高中时就喜欢跑旧书店了，那时我身边爱逛旧书店的同龄人是不多的。高一阶段我主要挑外国小说和诗歌看，18、19 世纪的俄国文学，欧美文学——现在给高中生或大学生的通识书单上开出的那些作家、诗人，如莱蒙托夫、托尔斯泰、狄更斯、莎士比亚、雨果、巴尔扎克，每个人的作品我高一时都或多或少涉猎过一些。所以，少年时我就记住傅雷这个名字了，我知道他是巴尔扎克最有名的译者。这些人的书，许多20世纪五六十年代的过来人也都读过。有些书光是读读还不过瘾，就会去抄一份自己保存。我同学讲，他那里还留着五十多年前我手抄的《欧根·奥涅金》。唯一可能有点区别的是，一般同学只是对译作本身感兴趣，而我对原作和译者都感兴趣。那时很多年轻人拿到一个译本就对托尔斯泰、对普希金大起崇拜之情，我还对是谁翻译的这些作品感兴趣，对翻译家感兴趣。不同的译者，翻译作品的质量还是有差异的。所以我中学时就记住了朱生豪、傅雷、查良铮这些名字。遗憾的是，我那时只知道查良铮而不知道穆旦。在旧书店买的《伊索寓言》，是周启明翻译的，我印象就很深，但我当时不知道周启明就是周作人。

张德强：对译者的兴趣，除了因为对不同译本的汉语语感敏感外，也多少有些版本意识在萌发吧？

陈子善：你这是用学术语言来"建构"历史了，我那时的目的很单纯，就是从对译作的兴趣扩展到译者。有趣的是，这些译者中很多人不仅是翻译家也是作家。我不是爱跑旧书店嘛，对这些翻译家写的书难免就会留意起来。但是，20世纪60年代中叶转眼就来了，结果是一下子没有书读了。同时正常的求学进程也被中断了，1966年我本该升入高二的，遇到"停课闹革命"，就基本没课可上了。因为没有课业压力，我又爱读书，于是便到处去找书读、"偷"书读。我写过自己"偷"书的故事，这里就不赘述了。这些书就不仅仅是外国文学，我是从这时起开始接触茅盾、巴金等人的书，囫囵吞枣读下去，有时还觉得不怎么喜欢，读完就丢在一边。这些书外面买不到，有些作者还被"打倒了"，实际上我就算是读"禁书"了。"雪夜闭门读禁书"，也是一件人生乐事。我真正对五四新文学发生兴趣，特别是对鲁迅作品有所领悟，还是在江西插队落户时。

张德强： 关于读鲁迅，您曾回忆过，插队期间还写了些文章发表在《江西日报》上？

陈子善： 事情是这样的，1971 年，重印了一批鲁迅著作，我父亲就在上海买了些寄到我插队的江西省峡江县给我看。这时候我年纪也大了一些，联系 20 世纪 60 年代中叶以来耳闻目睹的很多事，再读鲁迅后期的杂文，便觉得别有味道，那时就有种写作冲动。当然在那个大环境里，想要写关于鲁迅的文章并且能够发表，肯定会留下时代的痕迹，这些文章现在还白纸黑字地留着。不过，那的确是我读鲁迅写鲁迅的开始，虽然只能算读了一点鲁迅而已，而且还写歪了；现在反思，应该说即使是在历史大环境的裹挟中，我还是多少得到了鲁迅思想的教益。

张德强： 插队之前，您高中时代有对未来人生的规划吗？

陈子善： 我最初的理想是做"无冕之王"——新闻记者。我父亲有个老同学——蒋荫恩先生，20 世纪五六十年代在中国人民大学新闻系做教授。我去拜访过他一次。那时全国都在搞"大串联"，我参加了最后一次。我父亲让我去北京"串联"时，顺便看望一下他这位老同学。蒋先生热情地接待了我，和我谈了很多。我以为政治风暴很快就会结束，兴冲冲地告诉他我准备报考新闻系。结果第二年，1967年，蒋荫恩先生就因为"美国特嫌"的指控而受到迫害，最后自杀。改革开放后，他当然被平反，但当时他的离开对我刺激颇大。当时自杀的人数量很多，老舍啊，傅雷啊，我都没见过面、不认识，除了刚刚读过他们的书之外，就没有任何瓜葛。对一个年轻人来讲，这些人的离去还是比较遥远的事情。但我一年前才和蒋荫恩先生谈过话，在他书房里跟他聊过自己的理想，蒋先生是很有修养很和气的一个人啊。所以，他的死让我受了较大震动。后来下乡时认真读鲁迅的书，鲁迅杂文里对中国人性的那些分析很容易就触动我了。

插队后期，我在江西乡下做起了"孩子王"——民办小学语文老师。考虑到之前我看过很多文学作品，也算"专业对口"。1974年，作为独生子女，在落实知识青年返城政策时，我回了上海，重新分配工作。一起回来的上海知青有的分到商业局下面做店员，有的分到冶金局下面当炼钢工人，虹口区知青办把我分到市教育局。那时候，上海中小学教师已经面临青黄不接的局面，老教师该"打倒"的都被"打倒"了，师范大学停课多年，新教师也没多少，只见仅有的教师一拨拨地退休。知青就成了填补中学老师空缺的后备人选。大概是档案里我作文成绩不错，还做过小学语文老师，我就被分到上海师范大学中文系培训班学习。1976年1月毕业，我留在中文系工作。当时觉得很开心，能在大学里教书。我当时的愿望是去教现代文学，我下乡时已经读过很多鲁迅、茅盾、巴金等人的书，这比较符合我的个人兴趣。最后我还是服从组织分配，被安排到写

作教研组。到 1976 年下半年，"四人帮"倒台后，为了加强鲁迅
著作注释工作——我们学校（上海师大，现华东师大）参与了《鲁
迅全集》的注释，承担的任务是注释《且介亭杂文》二集和三集，
这个有其他老师去做；还有鲁迅书信的注释，任务重，人手不足。
也是为了历练年轻人，学校就把我调到《鲁迅全集》注释组，随后
我就顺理成章地调到了现代文学教研组。所以说，我走上现代文学
研究之路，是从参加鲁迅书信注释开始的。否则我可能留在写作教
研组了，不过那个教研组后来也取消了。

张德强： 现在又有"创意写作"这个提法了。

陈子善： 既然是创意写作，潜在的意思，便存在着普通的、一
般的写作，我那时教的，就有点后者这个意思，主要是教公文写作、
报告写作，也教些小说诗歌写作，可以说什么都囊括。而创意写作
应该说是在学生里发现写作的苗子吧——毕竟没有那么多作家可以
培养。文学创作本身是创造性的工作，好的创作都要有创意，我倒
觉得"写作"这个词就可以把创作的初衷表达出来了，似乎就不用
特别强调"创意"了。

张德强： 通过对几件事情的回忆，我们追溯了您早年成长的一
些点滴。对此后您走上学术研究之路的经历，您在发表于 2017 年
第 11 期《关东学刊》的《学术自述》中做过比较简单的介绍，仅
仅自称是"现代文学史料研究者"。但事实上，除此之外，您还身
兼写作者、编辑、刊物主编，能否从这几个角度回顾下您的学术与

创作历程?

陈子善：这个问题涉及我的"多重"文化身份。首先我是大学中文系教师，给本科生上过课，培养过硕士生，培养过博士生。第二个文化身份才是写作者，大学教师不仅要教学，还要搞科研，不过我这个"科研"和别人的有些区别。我写的很多文章，可能按现在的学术规范看，其"重要性"不大符合一些"核心期刊"的要求，但我又觉得做这些（现代文学史料整理与校勘）对别人的工作是有帮助的。我自然不反对在核心期刊发表文章，但发在别的地方也好，非核心期刊啊，网络啊，民间读书刊物啊，只要需要的人能看到，作为写作者我就很高兴了。第三个文化身份是编辑者。有些资料，你写完了文章就可以顺手收集起来，尽量以它的原面貌示之于今人。像编郁达夫的文集，周作人、梁实秋、台静农、张爱玲的集外文，都是出于这样的目的。要承认，这些编辑工作与我的教学和研究是有关联的，三位一体，各有侧重吧。最后是编《现代中文学刊》，那是九年多以前开始的事。我写过书、编过书，编杂志是个新的挑战。既然华东师大中文系信任我，我就尝试一下。当然，我没有尝试过编副刊，我不是说我想过做记者嘛，传统意义上的副刊就和报纸有关联。这就类似于我的教学生涯，教过小学生、教过大学生，但没教过中学生。同理，我编过书、编过杂志，但是没编过副刊。而在我们现代文学史上，很多作家和学者都有过编副刊的经历。20世纪20年代编《晨报副刊》的孙伏园回忆，副刊原来写作"附刊"，还是鲁迅起的名字，因为是"独立地另出一页四开小张，随同《晨报》附送"，所以最初就叫《晨报附刊》。不过鲁迅自己也只编过北京《国民新报》的副刊。

张德强：除了您说的教师、学者、编辑者三位一体的身份外，其实您也是个优秀的散文家。您的"不日记"系列作品已经出了三本，这种写人记事又兼谈文史的文字，也堪称一种自成一格的学者散文。

陈子善：写些散文是偶尔为之，散文家则愧不敢当，写过几篇而已。"家"这个名号不是随便可以称呼的，现在随便什么人都是个"家"，我不赞成。我是个散文作者，我的确写过散文，也发表了，仅此而已。要说是散文家，你至少要有一本代表性的散文集吧？一本恐怕都不够呢，现在出书多方便。当然，我的"不日记"系列里，忆人文章会更感性一些，比较接近散文，你就把它理解为我写作的一个方面吧。我的文章有纯考据的，理论的也不是没写过，至于你说的这些，就算是把散文写作与学术研究结合起来了。

张德强：在谈及自己的学术之路时，钱谷融先生和香港的刘以鬯先生都受到您特别的敬重。您在钱先生驾鹤西游后便撰文，提到钱先生对您来说"不算导师却胜似导师"。能否谈谈您与钱先生近半个世纪亦师亦友相交游的点滴？

陈子善：我的学术经历中得到前辈指导是很多的。钱先生和我交往时间很长，我受教于他甚多，所以印象最深刻。不过，除了钱先生，还可以开一个很长的名单，有许多老前辈，他们都不同程度地给过我指点。钱先生对我个人的意义，很大程度在于，在我进入中文系教书后，他很尊重和欣赏我自己选择的学术道路。我喜欢做考据、研究史料，他不反对，他没有说过："子善，你这样搞不行。"他从没这么讲过。

张德强：钱先生那时是华东师大中文系的领导吧？

陈子善：他不是领导，钱先生不愿意做行政上的事情，华东师大曾经要他做图书馆馆长，他坚决不做。他比较洒脱嘛，就是上课、看书，做自己想做的事情，不愿太受约束。至少，钱先生认为这样率性而为是顺应了自己的个性，这一点我倒觉得他坚持得非常好。钱先生在华东师大一直是个标杆，是个表率。我不是他名下的正式学生。我写的文章和编的书，发出来都会给钱先生看看，请他指导；他大概也会翻翻，有时也会和我谈几句感想。当然，钱先生年纪大了，兴趣也不在这里，不一定太花时间去读。总之，钱先生对我的支持与认可对我是很重要的，他对我的影响更主要是人格上，他在处世之道与人生智慧方面潜移默化地给我以启发。

虽然钱先生处世洒脱、不做行政职务，但他的确一直在做事。他也乐于编书，20 世纪 80 年代以来就编过《现代作家国外游记选》《中华现代文选》等。我也协助他编过十卷本的《中国现代散文精品文库》，篇目由钱先生最后确定，我做具体工作。每一册书名都来自本册的一篇散文的题目，比如《灯下漫笔》这本，选的就是鲁迅、周作人、胡适、许地山、林语堂这些人的散文。钱先生主编的书，我基本参与了。有一组书话集，包括刘师培、刘半农、林语堂等，还有"世纪的回响"那一系列书，全是钱先生主编的，我都参与编辑工作了。他的《中国现当代文学作品选》，我参与了文章选目。

总而言之，钱先生是看着我在学术上成长起来的，不断鼓励我。他见面时第一句话常常是亲切的一句"最近怎么样啊"，很和蔼很亲切。我发表在《文汇报》上写猫的一篇散文《忆皮皮》（真的是散文了，一笑），钱先生就当面表示过欣赏。钱先生的学术观点，影响最为深远的当然是 1957 年他提出的"文学是人学"，我们首先要肯定这个论断的深远价值，但我们更要思考的是，这一想法是从哪里来的？那一定要回溯 20 世纪 40 年代中后期，钱先生在那个时期的一系列文章有助于我们研究他早期的思想。因而还是要回到历史现场，回到具体历史情境中去寻找答案。有趣的是，钱先生晚年曾表示过，自己最喜爱的还是中国古典文学。除鲁迅、曹禺等几位大家之外，他认为大多数五四作家的作品水平不是很高，这是他晚年的真实想法，也毋庸讳言。钱先生有自己的评价标准，对何其芳的作品他就很欣赏，不过仅限于何的前期创作。

张德强： 刘以鬯先生去世时，您也写过一篇朴实而深情的《刘以鬯先生培养了我》，其中道出了一些您与香港文坛的渊源。能否再谈谈您与港台文坛或学术界的交往因缘？

陈子善： 我在港台发表作品其实要感谢三个人，一位是刘以鬯先生，还有两位是黄俊东先生和郑树森先生。黄俊东也是位现代文学史料专家，写过好几本书，他做过很多年的《明报月刊》编辑；黄先生也给张爱玲编过书，我写的关于张爱玲的文章相当多都是发在《明报月刊》上。20 世纪 80 年代我写张爱玲，在内地很难发表，因为当时是"理论热"嘛，史料文章的发表园地只有一个《新文学史料》，这个杂志仍主要刊发研究左翼作家史料的文章。我那时认为左翼作家的史料这方面，他们的亲人、朋友，提供了大量材料，暂时不需要我出力了。除非像潘汉年这样研究得很不充分的，我会去编一本他早期的文学作品集《牺牲者》。实际上，我研究过的郁达夫，也是左翼作家。但总体来说，我在那个时候还是在非左翼上下功夫较多。

张德强： 左翼作家里，您好像对聂绀弩和楼适夷特别欣赏。

陈子善： 其实不独这二位，20世纪八九十年代在世的左翼作家，我都有过交往，比如说老一辈的李一氓、胡风、夏衍、黄源，晚起的周而复，我和他们都接触过，也写过文章。非左翼作家那时真是乏人问津，他们的文学追求被湮没了几十年。非左翼人物的考据文章当时很难在内地发表，我就通过刘以鬯和黄俊东之手发在《香港文学》《明报月刊》等杂志上，后来又扩展到台湾的《联合文学》。这就不能不提到香港的郑树森教授，他做过《联合文学》的总编辑。这几位港台文化人士，对我学术工作的帮助是很大的——认同你的史料研究，提供发表园地和平台。现在回想起来，我向这几位提供的稿子，无论长短，从未遭遇过退稿。就算是一个细小的问题，对一个具体的时间、版本的考证，我认为有

1993年春摄于《香港文学》杂志社

价值的，他们都会认同。

张德强：您对三位慧眼独具的编辑表示了感谢，但您自己也是一位勤奋的编书者。经您手所编的书总有一百余种了吧？其中像《猫啊，猫》《你一定要看董桥》都在知识界乃至读书圈外影响很大。您的编书之路是如何开始的呢？

陈子善："你一定要看董桥"，是借用罗孚先生文章的名字。这是个惯例，编个选本，借用其中一篇为题目，前人也这样做过。我编书的标准，总结起来，就是收集在文学史上有价值但不常见到的。我"编书之路"的开始，说起来很简单，就是想提供一些接近原始面目的研究资料。较早的时候，因为这样那样的限制，许多研究者接触不到原刊。我把这些原始资料收集、整理，编成书出版，不仅研究者可以使用，一般的文学爱好者也能看到。而这些书的编辑过程中，选哪些人哪些篇目，当然要有取舍。比如叶公超，因为政治原因，内地文学史把这个人忽视很久了。但叶公超早期和中期的文学研究成就还是很大的；鲁迅去世后，他也是新月派人士中较早公正评价鲁迅的。所以我编了《叶公超批评文集》，是内地最早出版的一本叶公超著作。编这本书，遗憾也不是没有，叶公超的艺术评论以及讨论教育的文章，我当时在台湾找到一些。叶公超对怎么办中文系，是有自己一套看法的。这些文章，因为篇幅所限没有收进去，很可惜。叶公超的艺术眼光和见解是非常好的，而且他对艺术的看法和对文学的看法也是相关联的，可以互相参照着来读。

张德强：您编书是否有自己的侧重呢？

陈子善：既然我编书是为了研究，那么重点自然还是现代作家及相关问题。说到侧重，我似乎还是喜欢"烧冷灶"，对非主流作家较感兴趣。可以列一个我编过的作家全集、文集和研究资料集名单：周作人、郁达夫、梁实秋、林语堂、刘半农、台静农、徐志摩、邵洵美、张爱玲、苏青、钱歌川、黎烈文、叶灵凤、潘汉年、南星、林以亮等。这些大部分是非主流的，或者说是在文学史上曾被"打入另册"的。因为我并不比别人高明，我就不多凑热闹了——大家都在研究的，比如鲁迅、郑振铎，别人都做得很好，我们就要借鉴、运用他们的研究成果，没有必要重起炉灶了。而我所研究的作家，在我之前都没引起注意，或者说研究得不够，我感到有责任、有必要来研究。比如梁实秋，在我开始时，评论界已有文章在研究他了，但对他的作品注意不够，只知道《雅舍小品》；即使《雅舍小品》也不仅仅是一本小册子，他的作品很多，由于各种原因，他没把自己的作品编集起来。经过考证发掘，我编了数本他的集外诗文集，引起了海内外学界的注意，顾毓琇老前辈还专门写信给我表示肯定。

张德强：为了做好这些编辑工作，您就必须对现代作家作品的版本做许多考证、辑佚、钩沉与校勘工作。您自己也说过，自己的工作是发掘了一些重要作家的佚文，考订了一些鲜为人知的文坛事实，解决或部分解决了现当代文学史上的一些悬案或疑案。有青年学者指出，20世纪90年代以来，现代文学研究的"文献学取向"，似乎是诸多学术思路当中最具有生产性的一种，您怎么看呢？

陈子善：20 世纪 90 年代以来现代文学研究"文献学取向"地位的提升，是本学科对文献研究重视度逐渐提高后，水到渠成的一个结果。应该说，这是改革开放后现代文学研究发展到新阶段的标志之一，这个阶段更重视现代文献，从史料角度来反思既有的现代文学研究有哪些不足、哪些问题。研究者各自的兴奋点不一样，不能要求大家都是史料专家，这是不现实的。擅长宏观把握固然好，能把宏观分析与微观考察结合起来则更理想。不过，学者还是要根据学术兴趣选择自己的研究路向，切忌一窝蜂式的研究思路。理想的学术生态应该是，研究方向多元展开、文献整理完善详备、学者交流顺畅无碍。搞文献的和搞理论的没必要互相轻视，学者做自己想做的事情就可以。但是，不管研究什么，第一手材料都是基础。对同一个材料可以有不同阐释，也不存在可以穷尽的阐释。莎士比亚到现在有四百多年了，还有新材料出现，还有人提出新的阐释。版本研究就是"莎学"研究的一个重要分支。对于中国现代文学也是，许多史料的钩沉，许多作家的重新浮出水面，我们以前忽略，有忽略的原因；现在重新重视起来，也有重视它的理由。

张德强：刚才提到您"三位一体"的文化身份，您主要从事教学和科研，也编过很多书，同时您还是创刊于 2009 年的《现代中文学刊》的主编。2018 年发表于《中华读书报》的一篇评论将该学刊的特点总结为"作者来源广""用稿专辑化""栏目多样化"等几点。对这份刊物九年来形成的办刊风格您是怎么看的？

陈子善：这几点基本符合事实。所谓"作者来源广"，我想特别强调一点，我们的用稿并不局限于学院派。当然，学院来稿是稿件主力，不过，社会上对文学研究和文献学有兴趣且能够言之成理的文章，我们也乐于把它发出来。譬如这一期（2018 年第 5 期），有一篇讲梁启超死因的文章《梁启超的最后三年：割肾，误诊，死亡及其他》，作者是湖南省人民医院的罗逊医生。罗先生是从临床角度去考察梁启超最后的三年。关于后者死因，有很多讹传，毕竟那些研究他的人并不懂医学。作者根据协和医院的医案做了详细考证，证据比较充分地说明了所谓手术"左右不分"不是事实，但把内科病当外科病而误行手术则是肯定的。这篇文章考察的内容与梁启超的学问和思想没有直接关系，但对梁启超传记材料是个很有价值的补充，毕竟如此重要的近现代人物，他去世的原因总应该搞清楚吧？这其实应该算跨学科研究了，这种研究里有我很欣赏的一种"业余"精神——罗逊先生的专业不是文学，但他对文学史有兴趣，也有一定修养，这样的研究者和专业学者比起来，也许（研究态度上）更多了一种超然和专注。

张德强：如您概括的，您的学术乐趣很大部分来自"发现的愉悦"，这种"愉悦"很大程度上也来自一种超出专业限制的"业余"精神。您本来是写作课教师，但您的发现之旅却起自注释鲁迅书信。《鲁迅全集》书信卷注释工作结束后，您的发现之旅又延伸到郁达夫。

陈子善：是的，郁达夫研究在我早年学术道路上很重要。1982

年我编著的第一本书就是《郁达夫忆鲁迅》（与王自立先生合编）。

张德强： 2013 年您又出版了《沉醉春风——追寻郁达夫及其他》，对自己多年的郁达夫研究做了阶段性的总结。能否向我们回溯一下您研究郁达夫的历程与心得？

陈子善： 在《郁达夫忆鲁迅》这本薄薄的一百零八页的小书中，我编辑整理了郁达夫讨论鲁迅和纪念鲁迅的所有文字，连当时新发现的鲁迅逝世时郁达夫给许广平的唁电也收录了，除整篇的像脍炙人口的、我认为是迄今写鲁迅最好的三篇杰作之一的《回忆鲁迅》外，零星的片段的文字也不错过，并加以必要的注释。书末又附有《郁达夫与鲁迅交往年表》，并请胡愈之先生题了签。我自以为做了很有意义的工作，至今"不悔少编"，现在看起来，自然不算完善，遗漏不少——因为后来不断有新材料出土。其实，即使到现在，我们也没法读到郁达夫全部的日记。钱玄同的日记里也包含了一些鲁迅与郁达夫交往的材料，而这套日记（指杨天石所编《钱玄同日记整理本》）的整理出版已经是 21 世纪的事了，这部分材料就无法编进去。所以，这本书连同"交往年表"只能算提供了研究郁达夫的一个侧面的、基础性的材料。

研究郁达夫的初衷，说起来也好笑，就是要通过郁达夫与鲁迅的密切交往，来证明他是个"进步作家"。鲁迅和郁达夫的文学观并不一致，甚至有分歧，但他们确实是好朋友。鲁迅和郁达夫深厚的文字之交，对中国现代文学史感兴趣者都不会陌生。单以通信为例，鲁迅日记中有明确记载的鲁迅致郁达夫函，就有二十七通之多，虽然这些书信在《鲁迅全集》里收录得并不全。我那时参与《鲁迅全集》注释的工作刚刚结束，兴趣转到郁达夫研究上，就顺理成章地梳理他们交往的过程。应该说，对郁达夫和鲁迅关系的意义，直到今天我们重视度也不够。比如鲁迅给《申报·自由谈》写文章，是郁达夫受黎烈文委托去邀请的。当然，如果没有郁达夫的介绍，黎烈文早晚还是会找到鲁迅来写稿，但情况也许就不一样了。以郁达夫与鲁迅的交情之深，黎烈文对鲁迅又很尊重，鲁迅答应得特别爽快。鲁迅自己也在文章里写到过，为《申报·自由谈》写文章，是郁达夫的介绍。一直到 1934 年 5 月黎烈文离开《申报》，鲁迅在《自由谈》上共发表杂文超过一百篇。《自由谈》提供了一个很好的平台，对鲁迅晚年的杂文成就有非常积极的促进作用。真正的左翼作家尊重鲁迅是很正常的，但郁达夫对鲁迅毕生的尊敬也许就带有更多个人化色彩，一直到 20 世纪 40 年代，他在新加坡，始终在自己的文章里积极肯定和宣传鲁迅。我觉得，郁达夫和鲁迅的交游，算得上现代作家相处的一个极好范例——互相钦佩却和而不同，互相尊重而不搞党同伐异。这种真诚相待的文人关系是一种理想的文坛生态，人与人首先就应该是尊重和理解，而不是命令与服从。

张德强：除鲁迅、郁达夫这类文学史早有定评的作家外，您在学术生涯早期关注的作家多是那些"被湮没或打入另册"或"被曲解和任意贬损"者，如周作人、徐志摩、梁实秋等人。譬如以徐志摩与梁实秋为代表的新月派研究。20 世纪 90 年代梁实秋作品在大陆掀起热潮时，您的钩沉辑佚工作，起到了相当大的推动作用。特别是您为他编订的几本文集，都取得了良好的社会反响。记得您给博士生上课时曾这样肯定梁实秋："梁实秋就算是一篇文章都没写过，他把莎士比亚全部翻译过来，这个历史功绩否认不了。"能再为我们介绍一下您的梁实秋研究吗？

陈子善：现代文学史上跟鲁迅发生瓜葛的作家太多，我那时候研究梁实秋，很感兴趣的一点是，这位鲁迅强烈谴责过的作家是怎样一个人呢？结果我发现，肯定鲁迅杂文的文章，梁实秋竟然是写得最早的。1927年6月5日上海《时事新报·书报春秋》上，有一篇署名"徐丹甫"的评论，评的是《华盖集续编》。"徐丹甫"这个名字，很容易考证出就是梁实秋的笔名。这篇文章对鲁迅杂文的文学价值有很精彩的分析与较高评价。发现了这则史料，我就写了一篇《研究鲁迅杂文艺术第一人——梁实秋》发表在1988年的《鲁迅研究月刊》上。所以说，在两人交恶之前，梁实秋是比较肯定鲁迅的。而且我怀疑，鲁迅大概至死都不知道梁实秋曾经肯定过他。说起来，鲁迅与梁实秋论战，也包含着为郁达夫打抱不平的意思——郁达夫不是与梁实秋也打过笔仗嘛——然后才涉及翻译理念等一系列问题。

说到被"打入另册"的作家，包括梁实秋在内的许多人都在1949年前后去了海外，我对这些"离散"作家也怀着浓厚的兴趣，他们为什么走？走了以后的生活和创作又是怎样的？如何给他们在文学史上定位？一系列的问题困扰着我，也激发着我，使我产生研究这些差不多已被遗忘的作家，进而试图将他们的踪迹补充进文学史的冲动。此外，我研究过的新月派诸子，既有徐志摩、梁实秋、孙大雨等文学家，也有胡适、闻一多这样后来以学术研究为主的学者。这些新月派作家在 20 世纪 80 年代以前的确是遭到主流研究界冷遇的，说是被"打入另册"并不为过。我那时就认为一个人的立场和文学理念是不能混为一谈的，何况这些人对国民党（民国）政府也多有批评。

张德强：2013 年您还出了一本书，《钩沉新月——发现梁实秋及其他》。

陈子善：这本书就是把我历年所作关于新月派诸子的长长短短的研究文字编成一册，方便对新月派感兴趣的读者参考。《新月》作为综合性杂志，不限于文学，内容涉及历史、政治和经济，性质上类似于《东方杂志》，但独以其文学成绩而在历史上留下深远的一笔，新月派在新文学史上地位非常重要。我们的《新月》研究，很多空间还没有完全打开，比如对发表在上面的戏剧的研究。从新月派研究角度看，对徐志摩接编《晨报副刊》等文学活动，我们以前的理解还是显得简单化。文学风格总是越多样越好，新月派可以说是新文学史上承上启下的一段，对卞之琳等人早期的影响也毋庸置疑。值得深思的还有，新月派自身也不是铁板一块，也是存在各种论争与不同看法的，不过他们都可以顺畅交流。与之不同的是左翼文学，往往要求一致性，其实，在文学上怎么能要求高度统一？相反，应坚持求同存异。现代文学值得深思的一个地方就是，在相当长的一段时间，在政治上革命的、激进的作家作品地位一直较高，可他们在文学形式的探索和美学理念的革新上则可能是保守的，而且是越到后来越显著。我沉浸在史料里这么多年，深感一时的评价并不重要，作家最终要以作品来说话。我认为不仅是中国现代文学史，所有的文学史教学，都必须遵循文学作品第一位的原则，主流文学史教材的评价只能排在它后面。钱谷融先生一直非常重视作品解读，他就觉得单读文学史教材反而学不好文学史。

张德强：已故的夏志清先生对您的工作有个评价："一直以研究当年在大陆被冷落的现代大作家为己务。"这些"现代大作家"里，我们相信张爱玲应该是分量很重的一位，也是您在相关研究中取得斐然成果的一位。您曾说过，重新"发现"张爱玲非同一般，"至少是部分改写了中国现代文学史"。请问您怎么评价张爱玲在中国现代文学史上的地位？也请您为我们谈谈您的张爱玲研究之路。

陈子善：夏先生这是对我的鼓励，其实我的研究工作更多是出于一种好奇心而已。说到张爱玲，既然 1949 年以后对她的研究主要在港台和海外展开，那么 20 世纪 80 年代张爱玲研究的一个重点，应该是利用内地丰富的史料优势，注意对史料的重新呈现与阐释，因此我的张爱玲研究是从钩沉她的集外文章开始的。这里我要强调一下，与张爱玲遭遇类似的作家还有很多——1949 年以后不单张爱玲，有一批作家去了海外，对他们中很多人的研究事实上并未得到充分展开。当然必须承认，和一直坚持写作的张爱玲不同，其中一部分人（后来）停止写作了，声名因而不彰，比如名气不大的京派诗人刘荣恩。他在大陆时一度主要写书评，萧乾主持《大公报·文艺副刊》时他是个很活跃的写作者，也写过很多以古典音乐为题材的新诗。这里还要说一句，那时许多人为萧乾的《大公报·文艺副刊》写书评，除了刘荣恩外，还有杨刚、宗珏、常风、李影心等人，最有名的自然是李健吾。而像李影心这样的书评家，今天我们对他所知甚少，他留下的三十六篇书评，几乎清一色是评论新文学作品的，足以证明他对新文学情有独钟。京派我们讨论已经很多了，但李影心还鲜有人提及。他的书评有京派风格，但与李健吾等人不同，并不限于飘逸空灵的阅读印象，而是不乏精到的文本细读。我编过一本书评集《书评家的趣味》，收了李影心二十多篇书评。我的意思，现代文学有"打捞"必要的作家范围很广，不单是一个张爱玲，还有很多其他不同层面的作家也形成了自己的独特风格。当然张爱玲的小说是最出色的。而且现在看来，对张爱玲的"发掘"带动了对一批作家的重新认识，包括东方蝃蝀等作家，这无疑大大丰富了文学史的写作，部分地改变了我们对文学史认知的版图。这些年，对这些作家的作品我也努力做了一些再版工作。

张德强：比如您主编的"海豚书馆"红色系列，似乎就是专选"冷门"现代作家的作品来出的。

陈子善：是的。我甄选的标准就是 1949 年以后未出过书的作家——写过文章，有创作，也有评论，但 1949 年后没出过书的那批曾经活跃于现代文坛的文人。对这些被文学史遗漏的作家，这套红色系列就有系统地发掘。该系列已经出了几十种。有些作家以其重要性而言，大概进不了主流文学史，但在区域文学史上又是不该被遗漏的。比如桑弧这样的文化人，既是导演，也是文笔很好的散文作者。"海豚书馆"便把他的《拍戏随笔》列入出版计划。现代散文家里有全国影响的，也许未必有桑弧，但写上海文学史，我觉得桑弧不该被漏掉。这些也需要我们重新去认识。

张德强：您曾说过："我始终是把张爱玲作为一个研究对象，而不是把她作为一个我崇拜的对象。"作为研究者而非崇拜者，您怎么看张爱玲与五四新文学的关系？

陈子善：谈到五四新文学，张爱玲自己也说过，她还是五四的产儿，但她的作品与五四主流的文学又不一样。包括"鸳鸯蝴蝶派"的一些前辈作家都认为张爱玲的作品某种程度上是对鸳鸯蝴蝶派的发展。更切合实际地讲，她从鸳鸯蝴蝶派这里也吸取了有益的东西，但她主要还是在五四这个大的框架里，她还是有她自己的追求。在五四新文学运动前后，南北各有一个通俗文学中心。北方的中心实际是天津，小说有言情的、武侠的，通俗文学很发达。南方的中心是上海，写小说的包天笑、周瘦鹃……这些作家，范伯群先生对他们有过非常详细的研究。这两个地方的此类作家都算是"旧文学"家，但许多新文学家，像施蛰存这样的，当年也写过通俗文学作品，又可以说是从他们中分化出来的。现在编这些新文学家的全集，不该落下他们的通俗作品。我们过去编文学史，过于注重新旧文学的"断裂"部分，这容易陷入二元对立，新旧文学的关联还是非常明显的。某种程度上，张爱玲算是打通新旧吧。她不仅向鸳鸯蝴蝶派学了很多，《红楼梦》她也学了很多。而《红楼梦》这部清代小说，其故事表层仍不脱才子佳人——宝黛钗的情感故事。当然《红楼梦》达到的思想和美学境界远非鸳鸯蝴蝶派可比。我们要承认，张爱玲虽然是新文学作家，但她小说的故事表层仍不脱旧派文学"才子佳人"的传统。"张派"一说的首倡者，20世纪40年代的上海作家王兰儿，她就认为张爱玲也深受鸳鸯蝴蝶派这样的旧派小说影响。施蛰存五四早期以笔名"施青萍"对新旧文学分野的一段看法颇有道理："今日中国文学，实际上尚不能分新旧。"我们把时间拉得长一点看，会发现文学传统的继承性，不是新和旧的二元对立能简单概括的。

在这个意义上，我的学术理想是不受主流文学史框架左右，致力于建设一个相对完整的现代文学文献保障体系。第一是全集的编纂。值得欣慰的是，现在被主流文学史认可为一流的作家基本都有全集了。当然，全集的缺漏仍不少。第二是作家研究资料的整理，主要是各时期对这位作家作品的评论，无论对错，都该被研究者所了解。第三就是作家的前辈、同辈和后辈对他的回忆。所谓知人论世，就是说我们对文学作品的了解应该是立体的，对作家生平的了解当然有助于对他作品的理解。

张德强：从"知人论世"角度，传记材料显然是非常重要的。这让我想起谢泳教授曾指出，我们从传记中获得的主要是史料线索，而传记本身不能成为我们史料的基本来源。请问，回忆录或者传记的研究价值是否因此降低呢？最近几年面世的张爱玲赴美后所作小说如《同学少年都不贱》《小团圆》《雷峰塔》《易经》带有很明显的自传色彩，是否可以视作某种意义上的史料线索？

陈子善：因为当事人事后回忆时主观选择与记忆偏差的存在，回忆录的真实程度当然需要甄别，即使是本人所作的回忆也需辨析。不单是别人为作家写的传记，包括作家本人写的自传，都可能有对往事不自觉的过度强调、无意的遗忘甚至有意的忽略，使用时均需警惕。相对而言，当时问世的文字记载——所谓一手材料，比如作家本人的日记、书信，在可靠性上一定比他若干年后的回忆要强。有些回忆录，不该遗忘的被遗忘了，有些重要细节也被有心无心地重新组织了。即使是作家手头有大量材料可供使用，他的回忆也不能做到完全准确，譬如茅盾等不少作家的回忆录。

至于如何理解所谓自传小说与张爱玲生平的关系，这是个难题。《同学当年都不贱》等作品毕竟都是小说而非回忆录。譬如《雷峰塔》中把琵琶的弟弟写死掉了，如果把张爱玲看成琵琶的原型的话，张子静可没死那么早啊。所以把小说看成自传，恐怕会造成更多误解——小说毕竟是可以虚构、提倡虚构的。当然，她在写作过程中自觉不自觉地挪用了生平的素材，进行改造变形。《爱憎表》也是个回忆，是散文性的回忆，其中也许不无艺术变形。

张德强：《爱憎表》的性质较接近于《对照记》？

陈子善：也不尽然。首先，《爱憎表》并未完成，只是草稿。其次，《对照记》的回忆更有条理，对素材的选择更多理性思考，《爱憎表》则不能排除带有虚构创作的成分。从这个角度讲，可能是我们自己太过于拘谨，把文体分得太清楚了。西方很多作家会把散文、小说和回忆录融为一体，比如杜拉斯的自传小说《情人》，你很难说其中有多少是真实发生的，有多少是杜拉斯虚构的。在这个意义上，张爱玲其实在写作上还挺先锋的。话说回来，研究张爱玲时，这些"史料线索"作为可疑的孤证，还是不要用到年谱一类较严肃的学术成果里去。至于写她的传记时，这些材料处理起来也很难，究竟哪些是真实的、哪些是艺术加工的、哪些干脆就是虚构的？甚至是她早期写的那些带有自传色彩的散文如《私语》之类的，你也不能就相信事情一定是那么发生的，不能否认有时候作家会出于创作需要对事实进行加工。之所以我们会产生这么多困惑和争论，还是因为张爱玲很执着于描写自己的家族。因为她觉得自己的家族很有代表性，中国封建家庭的各种弊病——抽鸦片啊，扭曲的婚姻生活和家庭关系啊，这些事情她家里都发生过。这种家庭生活反映了中国相当一个时段里生活的典型性，就成了她创作的一个重要来源；反过来这种自传色彩的写作又终生围绕她而不去。

张德强：您从现代文学史料学角度看，张爱玲研究还存在哪些可能的生长点？

陈子善：关于张爱玲的文章和专著现在可谓浩如烟海，而且还在不断从不同角度和层面继续深入，比如她的翻译、她和英国文学的关系、她和电影戏剧的关系、她和都市文化的关系等。不过，还是得正视一个问题，就是关于张爱玲生平的许多时段，我们还不算很了解。譬如张爱玲两度赴港的经历，如张爱玲第二次赴港后又短暂去过日本的经历，又比如说抗战结束后张爱玲的处境。我最近看到一则史料，抗战结束后张道藩在南京主持的一次茶会上公开说：

"张爱玲在今后中国文坛上是一位最有希望的女作家。"张道藩那时是主持国民党宣传工作的,在他讲这话后不久,张爱玲就被吸收进上海的文艺家协会。这对张爱玲抗战结束以后处境的改善是有利的。抗战结束后对"落水文人"的甄别与处置还是比较严厉的,周作人 1945 年 12 月被捕,被判刑十年;陶亢德也被以"文化汉奸"的罪名判了三年,后来改判为一年半,缓刑一年半。而与之形成对照的是,张道藩在那次茶会上特别为自己"因听信人言曾误认张爱玲是附逆作家"而道歉。这是当时小报上的一条报道,还是挺有戏剧性的。这只是举个例子,来说明张爱玲研究在史料上还有很多可以发掘的余地。

张德强: 您曾说过"张爱玲的文学创作起步于上海,既然张爱玲最初的文学追求辉煌于上海,作为一个生于上海长于上海的中国现代文学史研究者,我从事张爱玲研究,不让港台和海外学者专美于前,也就责无旁贷"。对于上海这座城市,您写过一本《迪昔辰光格上海》,这里的"辰光"是否特别强调某一个时期?您如何看待上海对于中国现代文学史的意义?您又如何看待现代文学史上的"海派"呢?

陈子善: 这个"辰光"指的就是 20 世纪 20 到 40 年代,也就是新文学发展的全过程。在这个过程里,上海对中国现代文学乃至现代文化都太重要了。从晚清以来上海都是中国文学的重镇,所谓旧派文学在上海最繁荣,非常多元。而新文学虽然肇始在北京,但它的发展还是在上海,包括创造社是在日本成立,它的成就却是在上海完成的；同样，《新月》杂志也是在上海创刊；中国左翼作家联盟也是在上海成立的。即使是抗战期间，上海也是沦陷区文学成就最高的，北京那时的五四巨子就剩下一位周作人，上海则有一大批文化人，代际还比较完善，年轻的有张爱玲等人，年长的如郑振铎，虽然隐居起来，但也会间接介入文学活动中。柯灵不是回忆过嘛，郑振铎曾托他带话给张爱玲，希望她多创作，不要急于发表，等待河清海晏之时再出版也不迟。上海的国际性也不容小觑，我们知道的，像泰戈尔、萧伯纳、横光利一、史沫特莱等都在上海留下过足迹，有的比较高调，有的就是悄悄地转一圈。事实上还有许多外国作家在上海的活动有待发掘，很多细节我们都不太清楚。研究"外国作家在现代上海"，是个值得一做的工作。我这里指的现代上海自然是 1949 年以前的。

至于海派文学，鲁迅写过两篇文章，一篇是《"京派"与"海派"》（1934 年），另一篇是《"京派"和"海派"》（1935 年）。有趣的是，两篇题目几乎一样。鲁迅在第一篇文章里给"海派"下的定义为"'海派'是商的帮忙"，有些调侃，有些嘲讽。后一篇则是讽刺"京海杂烩"，主要论据是周作人为施蛰存所编《晚明二十家小品》题签。周作人被鲁迅冠以"真正老京派"之名，施蛰存被鲁迅称为"真正小海派"，而两个人的合作即"京海合流"的体现。这两篇文章说明鲁迅对"海派"这个概念是不认同的，有批评的，与我们今天对"海派"的理解不一样。依我看来，一笔写不出两个"海派"，必须把这个背景讲清楚。"没海者近商"，即跟金钱走得很近，这是鲁迅的看法。现在看，鲁迅的批评仍值得被大家思考和讨论，但今人没有必要完全拘泥于鲁迅的论述。以文学为例，有哪些海派文学呢？1989年，魏绍昌先生主编的《中国现代文学史参考资料》之"海派小说专辑"，收入十位小说家的代表作，包括黄震遐《大上海的毁灭》、李同愈《忘情草》、崔万秋《新路》、林微音《花厅夫人》、苏青《结婚十年正续》、施济美《凤仪园》、丁谛《前程》、予且《两间房》、潘柳黛《退职夫人自传》和东方蝃蝀《绅士淑女图》。魏先生认为上述作家就是海派小说家的代表，他们的作品是海派小说中很重要的一部分。在这十本小说集的影印说明中，有很重要的一段话："所谓'海派'，是指由于特殊的历史渊源和畸形的都市环境所形成的文学流派而言……他们都以上海人的眼光和心态写上海滩上的形形色色。作品语言渗透着那种洋场气息和浓郁的上海风味，以故事生动、内容通俗，适合多层次读者口味为特色。"这么一段简明扼要的话，就有对海派文学的界定或者评价，当然这里面也有批评，譬如说"畸形的都市环境"。我基本上认同魏先生对海派文学的评价。1999年，上海复旦大学出版社出版了学者许道明的一本书，题目就叫作《海派文学论》。这是一本专门讨论海派文学的学术专著，从文学史的角度系统讨论海派文学。许先生对海派文学有很系统的研究，在出版这本书之前他已经编辑出版了另一套书，叫作《海派小品集丛》，分了好几辑。在《海派小品集丛》中，海派文学家的名单更长了：施蛰存、徐訏、叶灵凤、章衣萍、张爱玲、丰子恺、钱歌川、章克标、无名氏等。实际上，海派文学之所以成为中国现代文学当中的重要一支，主因是清末上海开埠，印刷资本主义兴起以后，上海市民阶层不仅有在上海赚钱的需要，也有文化消费的需要。他们需要阅读。除了古典名著之外，除了地方戏剧之外，除了已经开始引进的电影之外，他们需要更多的精神享受与文化消费。这时候文学创作欣欣向荣，便随之诞生一大批作家、作品。

张德强：您曾经自谦说，自己的书《看张及其他》"杂七杂八一堆文字而已，'规范'的学术论文反而一篇也没有"，而且还说自己"不大像'学者'而更像'文人'，文人气颇重"。您这里与"学者"相对应的"文人"，应该怎么理解呢？

陈子善：文人气就是比较率性，学者则需要经历严格的学术训练。我虽然身处学院，但我更欣赏钱谷融先生的学术风度。也许我"学"得还不到家，写文章，我不愿意写的就不写，我不喜欢别人给我命题。我自己想写的，哪怕是很小的题目，哪怕是一个别人不看重的细节，我都写得津津有味。反而人家请我阐述一个比较大的问题，我倒没什么兴致去做。我觉得，大事有人要做，小事也不能就放在那里嘛。所谓文人，就是他不愿受拘束，尽量不随波逐流——大家说什么，我也说什么——不要这样，没有意思的。当然，我也不是故意标新立异，假如没有认真的考虑、成熟的想法，我也不会去随便发表异见。而且，从事史料工作，因为资料看得不全或看不到，讹误和遗憾在所难免。如果别人发现了我不知道、没看到的材料，对我的工作是很好的补充和纠正，我更高兴。因为学术就是在争鸣与补充之中不断完善、发展的，史料工作也是在这样的气氛里才会逐渐接近真相，当然不会完全穷尽真相。我认为，做史料工作，心态要平和一点，要埋头苦干；同时，随时准备接受批评，随时准备纠正不足。回过头来看我几十年写的文章、做的考证，有些不足之处需要修正，也欢迎修正。我觉得文人气对学者来说也是一种治学态度，学无止境、术有专攻、各尽所能、扬长避短，去做自己力所能及的贡献。至于追求什么学术权力、占领学界制高点一类的事情，我是懒得去做，不屑去做的。我就是能做多少就做多少，我做不了的就寄希望于年轻一代的学者。

张德强：您先后出版过《捞针集》《海上书声》《这些人，这些书》等带有书话色彩的著作。我们知道，书话不同于高头讲章，"讲究文采，注重情趣"，而且您认为书话这种文体"其形成和被认可几乎是与现代散文的进程同步的"。您觉得现代书话对于现代文学以至于现代学术的意义在哪些方面？

陈子善：现代书话对现代文学研究有非常积极的促进作用。比如唐弢先生的书话，说心里话，读他主编的文学史，还不如读他的书话过瘾。他的书话更加灵动鲜活，主流之外，也兼及角落。现代文学史论著对于主流的执着反而会束缚唐先生的风格。我以前写文章谈到过，他编的文学史对沈从文评价不高，后来则有所修正。如果天假其年，以十年为限，他对沈从文的评价只会更高。显然是文学史这种学术文体限制了唐先生发挥自己的见解和观点。《晦庵书话》较早的版本里，唐弢的写作风格就更加舒展，不拘泥于主流还是非主流，而他喜欢的这些，在正统的文学史写作中，未必有位置容纳。所以，书话算是对主流文学史写作的一个补充，甚至是"纠偏"。

还有姜德明先生的书话，涉及面更广，他写到的许多人许多作家，恐怕文学史里是写不进去的，但你看了他的书话，会发现历史现场得到了部分的还原。譬如说，他有本《丛刊识小》，丛刊是民国时期那种事先未向当局办理登记手续，取得合法刊号的期刊的另一种形式。它不算书，也不算正式期刊，两边不靠，极少被收录到各种现代文学书目中，往往被冷落和忽视。姜德明依靠自己所收集的丰富的丛刊资料，用书话形式讨论了六十六种早就乏人问津的丛刊，许多生动鲜活的文学史材料就随之呈现出来。书话研究对文学史写作是一种前提性准备、一种补充、一种"纠偏"，作用是多方面的。近年的书话写作可能存在着内容宽泛、风格呆板、谈得太浅等问题，但不能否认优秀的书话，如唐弢、姜德明的书话一定程度上是有力地推动了现代文学史研究的。假如我们写一本新的现代文学期刊史，就不可忽视这本《丛刊识小》。所以我们又回到了史料问题上，没有基本的一手史料，很多文学史问题是没法充分展开讨论的。

关于一手史料，我还想说几句。找到一封信、一篇集外文，我都可能会写篇文章，有个成语叫"以小见大"，当然也可以以大见小，反正总要解决一个问题。通过一手的材料，把被历史掩盖的真相"相对"地弄清楚，对文学史的完善就是个推动。这都是当年我参与《鲁迅全集》注释时形成的观念，当时要求"字字有来历""句句有来历"，有些"来历"要很晚以后才知道。比如 1936 年 4 月 20 日鲁迅给姚克的信，其中有段话："写英文的必要，决不下于写汉文，我想世界上洋热昏一定很多，淋一桶冷水，给清楚一点，对于华洋两面，都是有益处的。"这段话当年编全集是没有做注释的。《现代中文学刊》2018 年第 4 期发表一篇黄芳写的关于鲁迅英文版权声明的文章，就考证出 1936 年 4 月 18 日鲁迅发表在《密勒氏评论报》上的英文版权声明，"姚克应该看到了这份版权声明，所以鲁迅作了解释。'洋热昏'是指他小说的译者及编辑者们"。那么，"淋一桶冷水"目的很明显，就是警示那些未经他授权的译者。这样看来，鲁迅这句话的"来历"就有了比较具体和清楚的着落。

张德强：您强调过"非学院派"或者可称为"非主流派"在现代文学史料收集研究方面相当活跃，这些年成绩斐然。您怎么看待日益专门化的学院体制下的学术研究和"非学院""非主流"的学术研究之间的关系？

陈子善：因为互联网的发达，很多资料现在反而是在互联网上最先出现，引起了一些现代文学爱好者的兴趣。他们不一定是专业研究者，但他们也会去写文章发表自己的看法。也许他们的文章不完全符合学术规范，但他们的观点和材料肯定有可取的地方。我还是要强调一点，研究者不能因为身在学院，就贬称业余研究者为"野路子"。有些所谓的"学术规范"也不复杂，无非是注明出处、来源，要有注释、内容提要和关键词等而已。反倒是业余研究者，他们身在学院外，可能做技术工作、医务工作……大都没有受过专业训练，但他们掌握的材料对于解读历史现象和作家生平可能具有关键性意义。不能小看这些人。比如当代文学版本研究，有些学院外的业余爱好者，对"十七年文学"资料收集之勤，甚至超过了学院派研究者。

张德强：与您对史料的重视相关的，您在十多年前肯定过金宏宇的《中国现代长篇小说名著版本校评》是"正式属于史料学研究范畴的博士论文"。您认为真正意义上的现代文学史料学范畴的博士论文应该着眼于什么样的学术问题？

陈子善：现代文学史料学或称文献学，主要还是为文学史研究提供新的史料的发掘、整理和研究，进而对文学史研究提出修正和补充。相关博士论文除了金宏宇博士那本，我读到的的确不算多，赵普光博士的著作《书话与现代中国文学》应该就是根据他的博士论文修改而成的吧。说到博士论文的问题，你要知道，古代文学、近代文学的作家年谱是可以作为博士论文的，《沈曾植年谱长编》（许全胜撰）就是在博士论文基础上写成并出版的。但是，以现代作家年谱作博士论文的，我至今还没见到。这里存在一种观念上的偏差，认为博士论文需要"论"，其实编年谱也是在"论"，用哪些材料，怎么阐述，绝不是简单的资料堆砌，也有大量价值判断和学术思想在里面。再有就是作家手稿研究，即使是研究作家日记，也可以作为现代文学史料学博士论文的题目。西方有学者专门做手稿研究的，通过草稿或准备性资料对作品进行新的诠释，称之为"文本发生学"。当然这个研究起来难度很大，因为你可能根本看不到作家手稿原件。鲁迅手稿已经大部分影印出版了，但毕竟大部分现代重要作家的手稿集还没有排印出来。对手稿的研究也有可能从局部甚至整体上改变对一个作家的评价，这种课题假如能得到理想的研究条件，就有希望做成一篇优秀的现代文学史料学博士论文。当然，我还是要说，难度很大。

张德强： 在 2017 年发表的《学术自述》中，您提到了自己主编的《中国现代文学编年史：以文学广告为中心（1937—1949）》，请您谈一谈您主编这一分册在文学史观和编排视角上的思路与心得？

陈子善： 这套文学史的编纂是一个尝试，就是从文学广告角度切入文学史，我们是希望以广告的三言两语引入文学现场。新文学史的广告可以从鲁迅先生算起了。早在青年时代，他与周作人合译的第一本也是他文学生涯的第一本书《域外小说集》的广告，就是鲁迅自己所撰。说鲁迅是中国现代作家中给自己的著、译、编和翻印的书刊撰写广告最多的一位，应该是能够成立的。今年我发表了一篇文章，就是考证鲁迅《野草》的出版广告的。至于这套以文学广告为中心的现代文学史，就我主编的分册而言，要分不同时段去看。20 世纪 40 年代以后，国统区和沦陷区的文学广告颇为发达，但解放区的文学广告就很少。这样，即便作品很重要，最后因为一下子找不到广告，对作品的分析与讨论也只能空缺了，这部书的编写因此受到了限制。这可以算资料掌握还不齐全，编写的时候周边材料还是太少。相对而言，20 世纪 30 年代文学广告比较发达，这部分内容就相对扎实。当代文学史类似现象更多，很多潜在写作没有出版，更不存在广告。比如无名氏，他 1949 年以后创作的许多作品在内地无法出版，遑论广告。但无名氏在当代文学史上还是应该有其地位的。因此，广告文学史要是在时间上扩展到 1949 年以后，这部分怎么编写？这是个值得深思的话题。

所以说，我们的初衷就是文学史写作不能单一化，文学史写作应该百花齐放，不同类型的文学史写作事实上也会为一部更为齐全的文学史写作提供基础。编写这套广告文学史的尝试，至少说明了文学史编著可以多样化，不独文学广告，以文学出版为中心也不是不可以，那就要从文学作品传播角度去讨论。总之，可以有不同的文学史，体现个人风格的文学史。抗战胜利后，蓝海（田仲济）先生就写了一部《中国抗战文艺史》，这是现代文学史上第一部只写某个历史时期的文学史，也很好，近年台湾也重印了。

张德强：我们知道，您对当代文学研究也颇有涉猎。1993年，诗人顾城去世不久，您就编成《诗人顾城之死》一书；您对当代小说《红日》版本沿革的研究也填补了这一领域的空白。而目前的当代文学研究似乎也发生着某种"史料学转向"，最后请您谈谈对当代文学史料搜集、研究和前景的看法。

陈子善：我对当代文学版本的研究只是偶一为之。倒是很多学院外人士，对当代文学版本很感兴趣。因为这寄托了他们的青春岁月，他们也许就是读《红日》《青春之歌》《创业史》成长的，这是他们历史记忆不可缺少的组成部分。这些学院外人士最初就是从怀旧而非学术角度开始关注当代文学版本，感情投射很强烈。但是研究版本则需要冷静，作品当时产生的社会价值与它的文学价值，不能混为一谈。这些作品能否真的成为经典，还有待历史的考验与学者的研究。许多轰动一时的作品，往往后来默默无闻。也有相反的，当时无人问津，后来则被认识到其价值。

我对当代文学史料偶有涉猎。《诗人顾城之死》那本书的编纂是学鲁迅和瞿秋白编《萧伯纳在上海》——集中体现一个礼拜中上海文坛不同的反应。顾城自尽的消息一传出，我就想到，自己何妨效颦一下。顾城之死发生在遥远的新西兰，国内对情况了解得肯定不够，我的用意也是在于还原文学界以及文学界之外对顾城之死的讨论。那是在没有互联网的时代，资料收集并没那么容易，这本书因此有点价值，在今天这个信息发达的时代就不一样了。对当代文学研究，我不是有意介入的，总体看，好像我比较关心跨越"现代"与"当代"的作家。现代文学只有三十年，当代文学时间的跨度更大，这意味着有更加丰富而冗杂的史料。当代文学也要粗略地分"十七年"、"十年浩劫"时期和改革开放以后这几段，其中1949年前后，许多作家产生的种种转变有很多值得进一步挖掘的价值。现在披露出来的许多书信、日记作为一手材料也挺有意思的，这些都是大的宝库。比如说《宋云彬日记》，宋本人不能算新文学家，但他日记里有很多与新文学相关的材料。又譬如我对冰心一些书信的释读，关于她和鲁迅的关系，话题是"现代"的，但都写于"当代"。我较关注的当代作家，是那些走过两个时代，主要是与现代相关而在当代仍有文学活动的作家。当代很多作家的日记因为种种原因，披露出来还是有一定阻力的，不过史料价值毋庸置疑，尤其是其中包含的当代文学制度与文坛关系的话题。此外，我觉得当代文学史料还有进一步搜集挖掘的空间，譬如第一次文代会，很多档案材料已经被重新整理。王秀涛博士最近发表的一系列关于第一次文代会的论文，包括一篇发在《学刊》上的（即发表于《现代中文学刊》2018年第3期的《第一次全国文代会的筹备委员会》），其中就有大量第一手材料。当然，由于精力和能力的限制，我的研究还是集中在现代。

张德强： 最后问您个轻松些的问题。您编过《猫啊，猫》这本在读书圈内外都影响很大的书，没有对猫这种小动物深深的喜爱和了解，是不可能编出这么一本书的，可否请您谈谈"与猫共处"的乐趣？

陈子善： 编这本书，我感兴趣的主要是猫背后的人。现代作家首先是活生生的人，除了他的写作、他的工作外，也有温情的一面。对小动物的喜爱就是他们温情一面的体现。也不一定是猫，夏衍先生是爱猫的，鲁迅就不喜欢猫，但他也喜欢小动物，比如壁虎，他还喜欢猫头鹰什么的。这种喜好与他私人化的情感世界、人生经历和创作都有牵连。我后来写过一篇《汪曾祺与猫》，为什么他不断写猫，因为与猫有关的异性给他印象很深。所以写猫又是写人。猫与现代作家缘分不浅，很多人写猫的文字不止一篇，像丰子恺还因为写"猫伯伯"的《阿咪》受过迫害。这个话题扩大起来，又会变成现当代作家与动物的关系。其实以猫为题材的文集我编过两本，一本《猫啊，猫》，一本就叫作《猫》，两本内容多少有重合。我是希望这个研究不局限于文学以及人与猫的关系，实际上还应该关涉到生态问题、动物保护问题。我们可以这么理解，人的世界之外，还有一个与其交叉交融的猫的世界。猫和人的关系实在太密切了。你看现在，人的生活水平提高了，猫的生活水平也提高了。当然也存在着两极分化的问题，家猫就过得挺好，流浪猫还是挺艰辛的，是不是？

（原载《新文学评论》2019 年第 1 期）

中国现代文学文献学的自觉

访谈人：王贺 ①

青少年时期的文学记忆

王贺：陈老师您好，很高兴您同意接受这次采访。我看陈建华老师请您父亲写过回忆紫罗兰的文章，包括您自己也写过一些文章提到青少年时期的阅读经历，知道您父亲做过语文老师，也听您说过他曾和现代作家周黎庵共事，您走上文学研究的道路是受父亲影响吗？

陈子善：我父亲只在抗战前做过小学语文老师，而且时间很短，不过同事跟学生对他印象不错。改革开放后，重印和新译的外国文学作品开始出版，上海的大小新华书店门口经常有读者排队购买。

---

① 王贺，上海师范大学人文学院副教授。

我不用上课的时候，父亲常与我一起去淮海中路新华书店排队买书。有一天，碰到一位老营业员和我父亲打招呼，原来是他的学生，这时他已经不当教师四十多年了，学生还记得他。抗战爆发后，他就不做老师了，先后在昆明、重庆、南京的盐务局工作，走过大半个中国。1949年，国民党政府要撤退，但他选择留下来，进了正广和汽水厂。此厂是上海最大的两家汽水厂之一，另一家是屈臣氏，都是英商，后来正广和归了华商。中华人民共和国成立后，我父亲在汽水厂担任代理厂长，算是"资方代表"，但没有股份，只是工资高一些，这时就和周黎庵共事了。我父亲英文很好，他是东吴二中毕业的，因家道中落，高中没毕业就去当了小学语文老师。他在正广和汽水厂一直干到改革开放以后。但今天回想起来，在文学方面给我影响更大的是我舅舅。

王贺：能说说您舅舅是怎么影响您的吗？

陈子善：我父亲对文学没什么感觉，他主要读《解放日报》《新民晚报》。我走上文学研究道路和他没有直接关系，当然他希望我好好念书。我母亲家里比较有钱，是做南货生意的。我舅舅医科学校毕业后，被分配到工厂做厂医。1949年以后，他们兄弟姐妹只剩下三个人，这个小舅舅平常休息时常到我家来玩，很喜欢我，给我买了很多小人书、连环画，还带我看电影。记忆当中我星期天看的电影儿童场，都是他带我去的。这应该是最初的文艺熏陶。

王贺：我前一阵看史料，注意到在1955—1956年，从中央到地方有一个取缔反动、荒诞、淫秽书刊和连环画的运动，很多通俗小说、小人书、连环画在这个过程中被查禁了。

陈子善： 这些"不正经"的东西，我从来没有接触过。我父母很小心，他们不会让我去看马路摊上的东西。我的读物，除了上课用的教材，最早就是我舅舅给我买的《三国演义》《渡江侦察记》之类的连环画。但我的语文才能，直到在继光中学读高中时才表现出来。我那时喜欢读书，有一篇作文得了 100 分，具体什么题目已经不记得了，可能是学杨朔、刘白羽风格的。那时候这一套是主流。现在我们看洪子诚先生的《中国当代文学史》，对杨朔、刘白羽的评价相对客观，指出了他们作品比较虚假的一面。必须承认，在语文课的教育之外，课外读物对我影响很大。我那时喜欢看课外书，以小说为主，主要是传统的《三侠五义》《水浒传》《三国演义》《西游记》等，诗歌、散文也会看。这类书是我较早的文学熏陶。到了中学以后，尤其到初三、高一的时候，我就开始看契诃夫、莫泊桑、普希金以及莱蒙托夫等外国作家的作品，一直延续到 1966 年 6 月停课以后。我进旧书店，也是从初三到高中期间开始的。1965 年我读初三，十七岁，学校里已经借不到外国文学方面的书了，这些书开始被认为是"封资修"的东西。那个时候也看另外一类书，就是《青春之歌》《林海雪原》《敌后武工队》《铁道游击队》《烈火金钢》《创业史》《苦菜花》等，通常一本书一两个晚上就能看完。其实这些"革命通俗小说"，我的很多同学也不看，客观上讲，他们大多是工人子弟，回家要做家务，而我一放学就去逛四川北路或提篮桥的上海旧书店门市部。大部分时间是一个人去的，因为班里没有像我这样逛旧书店的人。

王贺：去了之后是租还是买？

陈子善：买，但那个时候已经不怎么买小说了，小说可以从图书馆借，而且也开始不满足于读小说，有了对历史和古典文学的兴趣。那时爱买吴晗主编的那套"中国历史小丛书"，还有"古典文学普及读物"丛书，里头有《唐诗一百首》《唐宋词一百首》《聊斋故事选译》等，我买了好几种。这些书很便宜，通常几分钱，一两毛钱就算贵的了，毕竟新书也就几毛钱。这样的读书生活一直延续到1966年6月。学校停课后，我就开始比较有计划地读书，主要读西方文学名著。

王贺：为什么？

陈子善：因为看不到了呀！人的心理就是这样的，什么书只要越禁，就越想看。从那时起我逐渐有了自己的藏书。后来插队下乡，除了当时的报刊，读的最多的就是马克思主义和鲁迅等人的著作。

与鲁迅相遇：从阅读到"注释"

王贺：我们知道，您正式走上文学研究道路，是从1976年下半年参加《鲁迅全集》注释组的工作开始的。在此之前，您在下乡期间就开始阅读鲁迅，这是不是为后面的工作奠定了基础？您能说说当时的生活、阅读和工作的状态吗？

陈子善：鲁迅、茅盾、巴金等人的书我当时都读过，这比较符合我的阅读兴趣。至于鲁迅的书，情况是这样的。1971 年，出版社重印了一批鲁迅著作，都是单行本。我父亲在上海一见到，就给我买了，寄到我插队的江西省峡江县砚溪公社虹桥大队长岭生产队。我开始时和农民一起劳动，后来大队的领导觉得我语文水平不错，就让我做民办小学语文老师。我就一边教书，一边阅读，也写点东西，投稿给《江西日报》，后来都发出来了。

王贺：您曾经在一次访谈中这样说："这时候我年纪也大了一些，联系 20 世纪 60 年代中叶以来耳闻目睹的很多事，再读鲁迅后期的杂文，便觉得别有味道，那时就有种写作冲动。当然在那个大环境里，想要写关于鲁迅的文章并且能够发表，肯定会留下时代的痕迹，这些文章现在还白纸黑字地留着。不过，那的确是我读鲁迅写鲁迅的开始，虽然只能算读了一点鲁迅而已，而且还写歪了；现在反思，应该说即使是在历史大环境的裹挟中，我还是多少得到了鲁迅思想的教益。"是这样吗？

陈子善：是的，那时候我们读马列著作以及傅立叶、圣西门、欧文等空想社会主义者的著作，还有黑格尔的《小逻辑》这类书。我白天上课，备课也不需要多少时间，晚上有时间就在油灯下写稿。我写的那些文章现在都能找出来，什么《学习鲁迅，批判反动的"天才论"》等，可以说，我正式的文字生涯就是从那时开始的。

王贺：看来您和钱理群老师很像，都是在那个时代里完成了精神启蒙。

陈子善：有一样，也有不一样的地方。那个时代是历史上的非常时期，能够提供的精神资源其实很有限。当时很多人都不想读书，我们除了"马列毛鲁"之外，什么书也看不到。当时是否读书主要取决于个人的主观意志。因为我从小养成了读书的习惯，知青这个小圈子里都知道我喜欢读书，所以他们有这方面的信息会告诉我。我那时因为写了一些文章，《江西日报》理论组组长很欣赏我，想把我调去工作，但因为编制的问题，一直没有办成。那时候想调一个人比现在要难得多，因为涉及身份转换的问题，相当于要把我从普通知青变成国家干部，非常不容易。直到后来有了独生子女回城的政策，我才顺利回到上海，先是被分配到街道，后来由市教育局统一分配，送到上海师大，即现在的华东师大中文系培训班学习。

王贺：那您是通过什么途径进入《鲁迅全集》注释组的呢？

陈子善：学习结束后，我和另外一个同学因为表现好，被留校了。那时也是"四人帮"倒台前夕，我们学校参与了鲁迅著作的注释工作，承担的任务是注释《且介亭杂文二集》《且介亭杂文三集》和鲁迅的书信（1934年以后）。注释组还有其他老师，我主要参加书信的注释；里面还有工厂来的工人理论队伍的成员，当然他们已经不像以前那么"厉害"了，对我们搞业务的控制得不那么死。也是为了工作需要，从这时候开始，我就不断地查找史料，采访前辈作家，和前辈学者在一起工作、交流等，走上史料研究的道路。那段时期的工作，包括后来去人民文学出版社、北京师范学院（今首都师范大学）进行了长达数月的集中校稿、审稿，为写好一个注释下的许多苦功夫，都对我影响很大。就我个人的际遇来说，如果不是参加注释组，可能后来我会一直在写作教研室工作。可以说，没有注释鲁迅，就没有现在的陈子善，我至今很感念这个最初的学术训练。在注释鲁迅作品的过程中，我遇到的很多问题，以后在史料研究中也遇到了。因为之前大部分都已经碰到过，后来我就知道怎么处理了。像注释组的王景山老师，学问做得很好，但他的学问在参加注释组前早已经成型了，做不做这个注释，都不会影响他的成就，工作结束他仍然会回到原来的道路上去。我不一样，我一开始学着做学问，就是研究史料，然后就喜欢上爬梳史料，假如没有这个熏陶，我可能会跟大家一样去搞理论。也正是这个经历，让我有机会认识了很多前辈作家、学者，和他们在一起工作，学习他们对待学问的严谨态度、做学问的方式，包括待人接物等。

王贺：但一定还有别的原因让您选择从事史料研究吧？

陈子善：当然，我对特殊年代里的那套假、大、空的东西感到厌烦，觉得与其写那些东西，还不如扎扎实实地解决一个个具体的问题。此外，也跟钱谷融先生有关。他不搞史料，但后来也指导后辈同事做了不少史料整理工作，编了几套作品选、资料选。他主要从事指导性工作，自己不会具体去查资料，而是把这类工作分配给我。比如他主编"中国新文学社团、流派丛书"，具体的组织、整理工作就交给我去做，包括联络作者、确定选题等。我举个最简单的例子，张伟编的《花一般的罪恶——狮吼社作品、评论资料选》，就是我提出来的选题。当时我知道张伟在研究狮吼社，我就问钱先生，可不可以加一本狮吼社作品选，钱先生说你觉得好就加。前面的选题像文学研究会、沉钟社、新月派等，都是大家讨论过的，没什么问题。但有的后来就出不了了，如《第一次文代会资料选》，因为早已经出版了《中华全国文学艺术工作者代表大会纪念文集》，如果要编那本文集没有收录的文献，我们一方面是没有条件，查资料限制太多；另一方面是技术手段也跟不上，所以编不了。十卷本的《中国现代散文精品文库》也是由钱先生和我任主编，我来协助钱先生编的。此外，《中国现代文学作品选》《中国现当代文学作品选》我也参与其中，配合钱先生编的。钱先生豁达、开明，尊重不同人的学术发展个性。

不断自觉的中国现代文学文献学研究

王贺：我觉得您研究现代文学史的取向还是"专家研究"，就是对一个个作家分别进行研究。您在研究每个作家之前，都做了一项工作，就是为作家编纂年表，但这个工作其实已是文献学的范畴了。那么，是不是您的专家研究，或者说您的整个文献史料工作，都是从作家年表的编纂开始的？

陈子善：你说得很对，可以说，我全部研究都是从为作家编著译年表开始的。最开始我和刘增人先生合作，做了《鲁彦著译系年(初稿)》，发表在吉林省社会科学院主办的《社会科学战线丛刊》上。后来还和王自立先生合作，发表了《郁达夫著译年表》初稿。接下来就是编《郁达夫与鲁迅交往年表》，也是跟王自立合作的，当然主要是我做的。然后就是编《郁达夫研究资料》里面的《郁达夫著译年表》。此外，我还编过《钱锺书佚文系年（1930—1948）》，发表在台湾的《联合文学》上，但因为后来钱锺书的研究太发达了，我编的年表有些粗糙，就一直没有收到书里去。但范旭仑先生等钱锺书研究者都读过这份年表，因为它毕竟是国内的第一份钱锺书集外文年表。然后就是编台静农、梁实秋（1949 年以前）的著作年表。这一系列年表，肯定也有很多遗漏，现在当然都可以补充，毕竟一个人的视野和检索手段都有限嘛。但在当时，这些重要作家的年表之前都没人编过，所以我编的一系列年表有填补空白的意义。我本来还想编《周作人年表》，但因为张铁荣等人编的《周作人研究资料》里已经有了，虽然也有遗漏，可我要做就肯定会重复别人的工作，没意义，就不做了。

王贺： 这些都是开风气之作，无论对今天研究者的实际帮助有多少，在学术史上都是有地位的。你们具体是怎么编的呢？

陈子善： 我们编的时候，无非就是看到一些线索，比如作家本人或其他人在什么地方提到的一些文章，我们估计作家在某些刊物上会有文章，就按图索骥，像滚雪球一样陆续把文章搜集起来，最后按时间排列。那个时候比现在好的地方是，虽然查资料不容易，但可以读到原始报刊，现在你们就只能看胶卷和影印本、电子版了。使用胶卷和影印本会有一个危险：可能有些内容没拍上。当年我看原始报刊的时候，虽然也会遇到某期缺了一页的情况，但你至少知道它缺了一页，一看页码，一个 35，一个 38，那你就知道，当中肯定缺了 36、37。而现在看胶卷、影印本、电子版，可能就会忽略过去，可能就会搞不清楚。

王贺：看来您当时编年表的时候，用的还是比较朴素的做法？

陈子善：当然是朴素的做法，而且还会和其他研究者互相支援。比如当年刘增人、陈福康、邵华强等位看到郁达夫的新材料，就会告诉我；我看到臧克家、郑振铎、沈从文的材料，也会告诉他们，因为我们彼此之间都知道对方在做什么。

王贺：那时候编年表您有没有参考诸如陈从周编的《徐志摩年谱》乃至古人编的年谱之类的著作？开始注意编纂方法、原则、标准以及规范等问题了吗？

陈子善：相关著作都会看，但对方法的思考是一个不断摸索的过程。当然，年表、年谱和年谱长编还是有区别的，特别是年谱长编，详细到什么程度会有争议，太简单会遭人批评，事无巨细又会被人诟病，说像个流水账。这就要求我们编纂的时候必须对谱主有整体的认识，还要体现一定的观点和思想。编这类著作时，大致是以时间为线索，按照发表顺序排列，作家的生平、创作以及一些大事都要写上去。但即便是这样，你来编鲁迅生平和创作年表，肯定跟我编的不一样，因为我们对鲁迅的看法不同。现代文人的身份很多，有些人既是文学家，又是政治家，年谱里要把各方面内容都放进去，很难编，但还是应该有主线。20 世纪下半叶以来，作家出生越晚，生平经历越单一，身份也越单一，比较好处理。而著述年表要比年谱简单些，我做的基本上都是著述年表，不包括生平，因为涉及生平的很多事情一时搞不清楚，难度大。像《梁实秋著译年表（1920—1949）》，就是在《香港文学》上连载的，所以我很感谢主编刘以鬯先生，他对年表很看重。他是新文学的亲历者，深知这些工作对后人认识新文学作家、新文学史的重要性。这些史料整理当时在国内发表比较难，像《新文学史料》当时就偏向发表左翼或被打入另册的左翼作家、文学研究会等的史料，比如我在上面就发表过《潘汉年早期文学活动年表》。后来我编过一本名为《牺牲者》的潘汉年文集。编年表之后，我们就开始编作家文集，包括《郁达夫文集》，出版社看到我们编的《鲁迅郁达夫交往年表》和《郁达夫研究资料》，就来找我们编《郁达夫文集》。不过随着时间的推移，我们越来越主动，很多时候是自己提出计划、选题，问出版社有没有兴趣，双方互相配合。

王贺： 是不是可以说，您由鲁迅研究转到其他作家的研究，特别是编纂作家文集、资料集以及文献史料研究，这一过程不完全是自觉的？

陈子善： 是的，一开始有点被动。但正是在注释鲁迅作品的过程中，我逐渐萌生了研究郁达夫的兴趣。可以说，从郁达夫研究开始，著述年表的编纂和研究资料集、作品集的编纂差不多是同时、同步的。编文集，就要掌握作家的很多集外文，否则这个"文集"就不全。其实当时出版社最初的设想是出两套全集，一套是郁达夫的，一套是沈从文的，但为了避免引起不必要的争议，就称为"文集"。当时有个不成文的规定，只有鲁迅能出全集，其他人都没有资格，全都是"文集"。20世纪五六十年代其实也是这样的，如《沫若文集》《茅盾文集》《巴金文集》《叶圣陶文集》《郑振铎文集》等。约我们编作品集也不是说有什么私人关系，而是因为我们的工作有基础，比较顺理成章。不过我编的第一本书是《郁达夫忆鲁迅》，是与王自立先生合编的，那是在编《郁达夫文集》的过程中，我们把郁达夫写的关于鲁迅的文章收集起来，先期在花城出版社出版。如果出版社不找我们，我们的工作可能会慢一点、少一点。这是一个重要的契机，当然我们自己的积累也很重要。

王贺： 在研究资料集的编纂过程中，您注意到回忆录这种特殊的史料了吗？我觉得回忆录同样需要考辨、考订，只能在没有别的资料的时候，可以勉强用一用。

陈子善： 对，其实樊骏先生的名文《这是一项宏大的系统工程——关于中国现代文学史料工作的总体考察》（以下简称《总体考察》），对回忆录这一类型的资料已经特别重视。不过有一种情况他没有提及，我实际上参与到这些回忆录的写作中去了。以编《回忆郁达夫》为例，我不是简单地找文坛前辈约稿，而是给他们查找、提供资料，帮助他们回忆。还有一种情况，回忆者已经写好，没发表，或者已经发表了，我要把文章收进来，在这个过程中，我发现里面有很多错误，这些错误未必是回忆者有意作伪，但等他一看到我找到的原始材料，就记起来了，我就请他修改。包括许幸之、赵景深、

赵家璧、黄源等人在内的很多前辈都有类似情况。我们必须承认，
人的回忆是有选择性的、主观的，但白纸黑字摆在你面前，总不能
不认。当然，回忆者也可以说这段或那段事情不写，毕竟他有最终
决定权嘛。

　　王贺：是不是您在这个时候就开始思考建立"现代作家研究文
献保障体系"？我看到您最早公开讲，是在 1994 年西安召开的中
国现代文学研究会第六届年会上。

　　陈子善：我可能是受樊骏先生的影响比较大。我的想法是，把
全集、资料集和回忆录等几方面的资料综合起来，才有可能研究好
一个作家。全集和资料集不用说，回忆录能提供这两类资料提供不
了的信息，有时候对回忆录进行分析本身也是一种研究，我以为值
得重视。

　　王贺：我倒是觉得全集、资料集和回忆录等资料，我们都会用，
但图像资料、档案资料也很重要，可能也需要放到您所说的这个"现
代作家研究文献保障体系"中来？

　　陈子善：当然，我用图像、档案也做过一些研究，比如徐志摩
的照片、张爱玲的档案等。当然有些是细节问题，不那么重要，但图
像至少能说明作家跟谁拍过照，可以补充回忆录、自传、日记等的
不足。更进一步的研究，当然需要更多的资料，包括理论和方法的介入。

　　王贺：那您的研究中档案资料用得多吗？

陈子善： 档案用得不多，毕竟很难查，我用的档案基本上是已经公布了的。比如上海市档案馆编了一本他们收藏的名人信札，里面有一封20世纪40年代后期傅雷写给上海市社会局申请创办新刊物的信，之前没人注意，我就用它写了文章；张爱玲的中学校刊，也是在档案馆里查到的。但是，研究当代文学，包括从现代活到当代的作家，档案实在太重要了。除了政府档案，散落在民间的文献也应搜集、利用。我曾经在天津做过一次讲演，就是讲民间文献。民间文献这个概念很宽泛，比如说参加第一次文代会后，有人拿空白的纪念册请人题词，这个题词本就是民间文献。我写过一篇文章，专门讨论唐弢的题词本上的众多题词，在这些新文学家、艺术家的题词中，可以看出每个人的身份不同、想法不同，内容也有所侧重。

王贺： 从传统文献学的角度看，您研究版本、辑佚、辨伪及考据多一些，目录、校勘就相对来说少了一些。

陈子善： 是这样的，目录方面也做了一些工作，华东师大中国现代文学资料与研究中心创办后，拟编中国社科院文学研究所编的《中国现代文学期刊目录汇编》未收的文学期刊目录和部分报纸的副刊目录，后来做过一批，但没有出版，有点遗憾。校勘确实少了一些，一开始对传统的文献学不够重视，后来我们当然做得越来越规范，但基本上还是编纂、整理文献的时候用，还不能说完全规范。

王贺： 我发现，您个人的研究，除了利用图书馆、资料室的馆藏，其实很依赖您个人的藏书。但是不是有点过于依赖了？大多数学者可能完全没有这个条件。

　　陈子善：我收藏的文献资料，不是为收藏而收藏，主要是为了阅读、研究，因为这些书图书馆借不到，没办法看。此外，有些书也需要慢慢品味，才能够评说出新的味道来，在图书馆看总是比较匆忙。而且研究者不可能完全依赖网络，网络还没有完备到这个程度，比如某本书所有的版本在网上都能看到吗？现在还做不到的。哪怕网上有这个版本、那个版本，也不是每一个版本都有。一个普通的收藏家，他又不具有研究的能力，因此研究者就需要和收藏家建立一定的联系，研究者本人也要把收藏和研究结合起来。像唐弢、魏绍昌、丁景唐、姜德明、陈梦熊、倪墨炎以及朱金顺等位，都是将收藏跟研究不同程度地结合起来的。当然，我也希望图书馆、档案馆的开放力度更大些，并将文献史料数字化，做成数据库。

　　王贺：有人认为，现代文学文献史料需要不断开发新资料，比如同学录、毕业纪念册等，您怎么看？您觉得现代文学文献有边界吗？

　　陈子善：可以这么说，同学录、毕业纪念册等作为现代文学史料或者当代文学史料的类型之一，可以帮助我们搞清楚一些事实。史料的无限扩充，也是学术发展的必然趋势，但文学史料的主体，仍然是作品。跟作家的创作和生活直接相关的文字记载，或者间接相关的文献，作为研究资料都没有问题。像台湾的秦贤次先生就专门收藏同学录，研究台湾在 1949 年以前有多少人到大陆求学，在这种情况下同学录就多多益善。我们还要注意，史学的史料跟文学的史料，呈现的样态是不一样的。除此之外，作家的手稿大部分都跟创作有关，这就要求我们转向对手稿的研究。现在你们可能面临新的困境，因为现在的研究者大多只看电子版，无法感知书籍杂志的实物形态，但这种感知特别关键，好比研究古代服饰，要亲眼见过才有感觉。研究者看电子书跟看实体书刊的感觉完全不同，这跟看人一样，看照片和看他本人的感觉往往很不一样。

王贺：有学者说您是"史料中心主义者"，您怎么看待这种评价？

陈子善：应该说，我在文学史研究中是比较重视史料的，目的是尽可能地还原历史真相。

王贺：我觉得百分百还原是不可能的，只能是更多地接近历史真相，或者说重建历史图景。

陈子善：对，只有研究者掌握了材料，最大程度地占有材料，才有可能接近历史真相。文学史研究者和批评家理解问题的角度不一样。我们现在对《狂人日记》的解读有无数种，但你满足吗？肯定不满足！研究者总会觉得还有更深层更精到的意思需要解读。但与《狂人日记》相关的文献史料问题，可能所有人只要掌握了同样的材料，就会得出一个共同的答案。文学史研究是不能乱说的，不同的研究之间，也不能简单地说谁对谁错，谁的研究更高级。其实，文学史研究和历史研究有很多共享的东西，只不过文学史还有一个文学的维度，比如有的作品在文学史上有地位，但文学价值并不是很高，有时候人们会有意无意地把文学史地位和文学价值混淆。对我而言，当史料被学界看作无足轻重的时候，我一定要强调其意义，可是今天史料工作已经受到普遍重视，那就没必要再说了。我个人对史料学的研究，也从一开始不那么自觉，到后来更加清晰、明确一些。就是说，我越来越知道自己要做什么，能做什么，在什么方面可以做到什么程度，哪些可能是别人无法取代的，哪些别人会比我做得更好，我想这就够了。

中国现代文学资料与研究中心的建立

王贺：中国现代文学资料与研究中心的成立在现代文学文献史料领域是开风气之先的，我想知道中心成立的经过和过程，这些事好像一直都没听您怎么谈过。

陈子善：华东师大中国现代文学资料与研究中心是 2002 年前后成立的，应该是王晓明教授的建议。他当时虽然调往上海大学，但在华东师大这边还指导博士研究生，还有一些工作。他是资料与研究中心学术委员会主任，我是中心主任。他对中心的事一直很关心，而且非常尊重我，将这些事完全交给我办。这个中心实际上是两个，一个是中国现代文学资料中心，一个是中国现代文学研究中心。前者负责资料的收集、整理，后者主要从事研究工作。中心不是中文系的资料室，更不是现当代文学专业的资料室，但实际上发挥了一个功能，就是给我们现当代文学专业的教学和科研提供资料支持。我们的资料基本上能够保证现当代文学专业硕士生跟博士生的科研使用。中心小书库的陈列按照文学史总论、专题资料（如文学研究会、创造社、新月社等）、作家（如鲁迅、郭沫若等）安排，为研究提供方便。

王贺：当时买了很多民国书刊吗？

陈子善：买不起很多，期刊影印本买了一些，但也没有很多，现在中心所有的书刊都放到思勉人文高等研究院的图书馆里了。

王贺：这个中心不是实体的研究机构吧？有常规的经费吗？

陈子善：最开始不是实体，刚成立的时候也有经费，但不是年度的，而是隔几年一批。那些书刊资料，很多都是通过这些经费采购的。当时我们一个办公室里有两个座位，王晓明一个，我一个，但是他很少来。如果有重大的事情，他来时我会跟他商量。比如，教研室同人申请一个项目，需要多少钱，王晓明说好，就给他。

王贺：您是主任，那底下的成员有哪些？

陈子善：正式成员只有我、王晓明、罗岗、倪文尖和刘旭。凡是本系现当代文学教研室的老师，参加过中心的科研项目，都可以算是成员。中心成立时校方批了一笔一百万元的经费。有了启动资金，老师们就可以向中心申请项目。此外，我们本来还在做的项目是整理20世纪三四十年代的文学杂志、副刊的总目，其实已经整理不少了，但后来没有出版。

王贺：为什么没有出版？

　　陈子善：因为如何兼顾杂志和副刊，是否编订杂志和副刊两种目录，都需斟酌，编成并出版这样一本工具书，并不是短期内可以完成的。再说吴俊等位主编的《中国现代文学期刊目录新编》已收录了一部分。后来，网上的数据库陆续建成，今天查阅文献史料已很方便，这些目录的历史使命已基本完成了。

　　王贺：那么中心还做过什么事？比如说学术活动、出版等。

　　陈子善：中心建立后，除了不断充实小书库，还举办了多次学术演讲会，李欧梵、无名氏这些研究中国现代文学和文化的著名学者和作家都来演讲过。中心还主办了两次学术研讨会，一次是"李君维先生文学创作研讨会"，另一次是"黄裳散文与中国文化研讨会"，都有填补空白的意义。此外，中心还主持出版了两套研究丛书，一套是"阅读张爱玲书系"，荟萃了那时大陆、港台和美国学者研究张爱玲的新成果；另一套"中国现代文学资料和研究"丛书，包括了研究周作人、徐志摩、凌叔华、施蛰存、黄裳等作家的论著和关于《论语》等各种稀见史料。

　　王贺：现在中心主要做什么工作？

　　陈子善：华东师大思勉人文高等研究院办起来以后，我们的小书库，连同中文系、历史系、古籍所等单位的资料室，按照学校指示，都被合并进去了。资料中心的"资料"没有了，功能也就收缩了，现在中心的一个重要工作是主编《现代中文学刊》，另一个就是主办一些讲座和研讨会。

主编《现代中文学刊》与学者的个人风格

王贺：《现代中文学刊》是从《中文自学指导》改变过来的。这是您提出的建议吗？刊物的名字是您起的吗？

陈子善：这是华东师大中文系的一个德政，不是我提的，我不能贪天之功，这件事事先我都不知道。因为中文自学考试越来越萎缩，《中文自学指导》没有销路，与其赔钱又不叫好，有没有可能换一种思路？系领导研究后，决定办一份学术刊物。《中文自学指导》这个刊名，大学教授会愿意看吗？首先名字得变，所以就要申请改名。从 2006 年开始申请，申请了三年才批下来，跟《无线电技术》等刊物是一批。编刊物是非常麻烦的事，系领导决定由我来编。《现代中文学刊》这个名字是系里定的，至于具体谁取的我不知道，也没去问。从系里来讲，当时主要是着眼于学科发展，因为古典文学专业已经有好几个刊物，文艺理论专业更有《文艺理论研究》这样的名刊，就现当代文学专业没有。我们现当代文学专业成就很辉煌，涌现出钱谷融先生、王晓明等著名学者，有这么个刊物可以推动学科的进一步发展。当时系领导找我谈话，征求我的意见。我想，搞新文学的都编过杂志，书我已经编了很多，还没编过杂志，玩一下嘛。就是这个心态。

王贺：然后您一编就编了这么多年，从 2009 年 8 月正式创刊。从创刊号开始，发什么文章，要设哪些栏目，找谁约稿，开什么专题，都得下功夫，是吧？

陈子善：创刊号上也有一篇是《中文自学指导》原先的稿子，是关于符号学的，我看了很好，就用了。其余的基本上都是我约来的。你说的这些工作，都是我在想、在做的。每一篇稿子都要编校很多遍，开始只有我带着黄平博士两个人干，后来情况慢慢好多了。

王贺：但这个刊物还是有您鲜明的个人风格，似乎和您个人的研究旨趣有非常密切的联系。

陈子善：对，最后是我说了算嘛。我说不用某篇文章，别人也不会有意见。我还要承担其他工作，比如联系印刷厂，跑排版公司等。当然，印刷厂是原来的，一直沿用到现在，但排版公司变动过，出版社也有变化。原来《中文自学指导》跟华东师大出版社没有一点关系。学刊创刊后，第一年没钱，是我拉了一个民间基金会的十万元赞助来维持；第二年人家不赞助了，只能拿系里的钱，但拿了两年，系里也吃不消，只得找华东师大出版社。第一次没有谈成，后来请主管文科的副校长出面协调，请出版社协助解决学刊印刷出版的困难，我们双方达成了协议，一直到今天，印刷费都是出版社出的。

王贺：解志熙老师认为，《现代中文学刊》已经成了发表现代文学史研究和文献史料的专刊，您怎么看这个评价？一个刊物，学者个人的风格太明显，是不是也有一些问题，比如说可能会压制其他思路的研究？

陈子善：解老师那是溢美之词，我们不但发表现代文学史研究的文章，也发表文艺理论和当代文学研究的文章。有一点值得提出来，我们从不关心作者的出身、资历、是否有博士学位等。一个体制外的学者，如果发现了重要的文献史料，我们也乐意发表，他们做的研究也很受欢迎。当然，学院派的作者我们一样欢迎。既然这个刊物由我主编，我当然希望提倡基于文献史料的研究，特别偏重理论的文章让《文艺理论研究》去发，当代文学研究的刊物就更多了。现在专门发表现代文学研究的刊物只有《中国现代文学研究丛刊》《新文学史料》，还有《鲁迅研究月刊》，为什么不能让一个刊物有自己的特色呢？现代文学史、学术史上有那么多同人刊物，影响它们的办刊水平了吗？当然，《现代中文学刊》不是同人刊物，我们的园地是开放的，而且特别欢迎青年学者、体制外的学者。现在的学报、社会科学类刊物规矩太多，对学术有什么好？没在高校、科研机构里工作，就没资格成为学者吗？做学问的方式可以很多元，我们不能通过外在的东西，去评价一个人的工作，关键还是要看成果本身。

到图书馆去，到资料室去

王贺：您不仅建立中国现代文学资料与研究中心、创办《现代中文学刊》，同时个人的研究也一直在继续，而且到了21世纪以后，出版了多种著作。那么，您从事这方面研究的时候，有没有注意到相关的理论和方法？我这两年在做当代史的研究时，发现到20世纪80年代初期，其实就已经有人提出"资料学"这个概念了。准确地说，在 20 世纪 70 年代末 80 年代初，《资料工作通讯》这类杂志就出现了。也有人提倡做专门的"资料学"，认为这应该是图书馆学的一个分支。当时您注意到这些问题了吗？这跟您所理解的现代文学史料学是一回事吗？

陈子善：有重叠的部分，但不完全是一回事。因为"资料学"或称"文献学"涉及面更广，要解决各个学科都要面对的共性问题，而现代文学史料学专门针对现代文学，它的某些规则是独有的，可能跟史学的关系更密切一些，特别是和历史学领域的现代史、当代史对史料的处理关系更密切一点。20 世纪 80 年代后期，实际上已经有一个比较松散的资料联盟，比如说教育部直属师范院校的中文系资料室有过联席会议，我都去参加了。

王贺：就是说，现代文学史料学和当时发展中的"资料学"还不太一样，因为前者主要解决现当代文学研究的问题。这些认识和您在图书馆的工作经历有关吧？

陈子善：当然，从 1992 年开始，我担任华东师大图书馆副馆长，直到 1999 年，做了七八年。除了日常工作，还要去外面开会、查资料，自己也做研究。后来也有人批评我，认为我外务太多。但这没办法，这个矛盾永远处理不好。时间只有二十四小时，对大家一样公平，如果不抓紧时间，很多成果就出不来。我始终认为，上一门课，一个班级有四十八个人听，也就教育了四十八个人，而编一本书，则可能有四万八千个人看。也许我的教学工作只能算是及格，但我写的和编的书产生了影响。我始终坚持这个观点，不追求自己的教学水平如何高，包括本科和研究生的教学。所以，我给自己的定位不是一个优秀的教师，只是一个合格的教师。当然，比我差得多的教师应该有很多。

王贺： 那您编辑出版的中国现代作家的具有"全集"性质的文集、选集以及资料集，已经有好几十种了吧？

陈子善： 我编的书的书目还没有完全整理出来，大概在一百种以上。21 世纪以后反倒编得少了一点，更多是自己写书。以"新文学里程碑"那套丛书为例，那套书就收录了很多重要作家的处女作、成名作和代表作。这个点子是复旦大学中文系唐金海教授想出来的，他来找我合作，是因为知道我对资料比较熟悉。我们觉得当时很多新文学重要作品的初版本已经很难看到，重新出版对研究者或会有帮助，就商定了编辑原则等事宜。那什么是"新文学里程碑"？我们的理解，就是新文学重要作家的处女作、成名作或代表作。有的作家这三个都很重要，比如鲁迅的处女作是《怀旧》，成名作是《狂人日记》，代表作是《阿 Q 正传》（当然会有不同意见）；有的作家这三者是合一的，成名作就是代表作；有的作家则只有处女作重要。这都需要我们有"选家"的眼光，包括文学史的视野和文学批评的能力等，不是随便编的。我们后来搞了四种共六卷，包括小说、诗歌、散文、评论，每一种都很厚。那个时候我在图书馆工作，需要的资料能从楼上书库直接拿到楼下复印，很方便。在图书馆工作的经历给我的现代文学史料研究带来了很多帮助，这必须承认，就像在中文系资料室工作时一样。

王贺：不过您在中文系资料室的工作时间相对短一些，更多时间在现当代文学教研室。后来回到中文系后，还做什么？当时怎么教史料学课的？

陈子善：我在图书馆工作了不到两年，中文系请我指导硕士研究生，我当然愿意。第一届是和冉忆桥老师合带，她做过我们华东师大工会主席，研究话剧，是老舍研究专家。她的丈夫是李振潼，既是文艺理论组的，也是华东师大话剧团的，很有演戏的天赋。在电影《子夜》中，他演给吴荪甫夫妇看病的医生。我和冉老师给六位硕士生上课。我指导学位论文的是张瑞田、何勇、周伟红，何勇现在是《语文学习》的主编，周伟红现在在东华大学。第二届是和王晓明合带，有孙晓忠、范玉吉、徐曙蕾、陈宁宁、司敬雪等，以后就独立带了。当时我上课，讲到某本书的一个版本，马上就可以从图书馆书库里拿出来给大家看。之前我在中文资料室做主任的时候，部属师范院校中文系资料室举行联席会议，首届在武汉华中师大开，我也去参加了，好像只开了这一次。

王贺：具体怎么合作的呢？

陈子善：20世纪80年代，上海只有三所高校有现当代文学专业，分别是华东师大、复旦和上海师大。三个大学的现当代文学教研室也开过联席会议，主要讨论学科之间的合作。后来我离开图书馆回中文系教书，教现代文学史、史料学、港澳台及海外华文文学研究等课程。史料学课只是其中之一。这些年有好多人劝我出版讲义，但我一直没有出。一方面，现在这类书已经出了不少，读者足可参考；另一方面，我觉得概论性的东西意思不大，我还是喜欢做一些专题研究，写一些研究论文。

王贺：确实，陈寅恪、陈垣、傅斯年以及顾颉刚等都不写通史；夏曾佑、钱穆、吕思勉、雷海宗等则写过一些通史，但这些通史的贡献如何，恐怕还需要重新讨论。至于文学史，就更是小之又小的一个门类，如果不是给学生上课、考试用，哪里需要？哪有我们想象的那么重要？

陈子善：是这样的。教材、概论性质的文学史，当然是重要的，但对我个人而言，我的兴趣主要还是从材料出发，进行以小见大的研究。我这几年在上海的《文汇报》《文汇读书周报》和香港的《明报》等处写的小文章，虽然短，但材料起码是新的，可以供大家参考。

从文学史到出版史、书籍史、手稿研究

王贺：我理解，您的研究是从文学史研究起步，后来不断扩展研究边界，开始从事出版史、书籍史、期刊史、手稿、签名本以及毛边本等方面的研究，而这一切，都和对文献史料的开发、利用密不可分。那么，可不可以谈谈您的文学史观？

陈子善：我的文学史研究和其他方面的研究都是从发掘史料入手的。我的兴趣一直在扩大，但没有转移，基本上还是围绕着现代

文学出发的。我做的也还是关于现代文学的期刊、出版史、手稿、签名本以及毛边本等的研究。这些当然是很专门的学问，但大多直接和文学史相连，是文学史研究无法回避的问题。从文学史研究的角度来说，关键是如何看待"重写文学史"。当年提出"重写文学史"，确实有明确的针对性和一定的学术意义，对原来文学史研究的陈旧框架有很大的冲击。接下来我们要做的工作，就是思考如何"重写文学史"。这个问题，我以前已经说过，不妨再重申一下。我理解的"重写文学史"至少包含两方面工作：第一是对已经在现代文学史上有定评的作品，特别是一些"经典"作品进行重新讨论。面对一部作品，本来就应该从不同的视角来展开讨论，以前只允许有一种视角，现在有两种、三种甚至更多的视角，这总是好事吧？虽然每种视角都有局限和问题，但这是正常的。第二，是把以前文学史上被忽略甚至被遗忘的作品重新发掘出来并做出评价。现代文学史上许多有特色、有价值的作品，由于十分复杂的历史原因，有的被遗忘，有的被故意抹杀。比如张爱玲从 1952 年去海外，直到 20 世纪 80 年代初仍被遗忘，文学界都不知道这个人，以至于其作品在《收获》杂志上重刊时，大家以为又一个"文学新秀"冒出来了。我自己是把重心放在第二个方面。从郁达夫开始，周作人、梁实秋、林语堂、施蛰存、台静农、叶公超、叶灵凤一直到张爱玲等作家，以前的文学史要么不讲、少讲，要么加以批判，我则努力发掘、整理他们的作品和相关资料，就是要为文学史拾遗补阙。所以吴福辉先生说我是文学史家，我不敢当，但我做的工作，和文学史家是一样的。文学史家未必都要写史，我在别的地方也谈过，文学史其实不是"重写"，而是"另写"，永远不断地"另写"，"另写"就需要以发掘资料和大量专门、深入的个案研究为基础。

王贺：这里涉及一个问题，就是我们如何理解这些被发掘、钩沉出来的作家、作品，他们一定很重要吗？如果我们看关于历史记忆方面的研究，可以发现，埋没、淘汰一些作家、作品是正常的，或者说，遗忘是历史的常态，不是吗？

陈子善：重新发掘作家、作品，不一定要说这些作家如何重要、作品如何优秀。这些新的作品也许有很大价值，也许只有一点价值，这是见仁见智的事，也不一定非要写进文学史。但有一点比较重要，我们首先得看到、知道有这些东西。文学史可以是多元的，一部全国性的中国现代文学史，可能某些作家放不进去，但区域性的文学史就可以。比如写上海文学史，像周錬霞这样的艺术家就可以放进来，她是个画家，但也写一些新文学作品，写得还不错。又比如沈祖棻的旧体诗词乃至新诗，研究文学史、写文学史的人是不是要去读一读？一提起旧体诗词，人们眼里只有郭沫若、郁达夫、沈尹默，我们的视野是不是太窄了？当然，文学史也不是英雄谱、英烈传。有些作家也许进不了全国性的文学史，在区域性的文学史中也不会有多少篇幅，但他的某些作品却很重要，他的一两篇小说、一两篇散文、一两首诗词被大家记住了，不也很好吗？为什么非要从文学史写作的角度，以是不是能写进文学史这一标准，去评价我们的发掘工作？坦白说，我们现在讨论的很多问题，对古代文学研究来说，根本不是什么问题。我发掘新的作品出来，可能会部分改写文学史，也可能只对某一阶段的文学现象和文学生态的研究有所帮助，也可能最后只是帮助我们看到了一篇文章、一首诗，或者只是给我们的研究提供一个小材料，不都很好吗？我个人的工作习惯是，只要我感兴趣的，我都会做，但别人如果已经做得很好了，我就不一定做了。很多前辈、同行都在从事现代文学文献、文学史的研究工作，我们千万不要忽视他们的贡献。

王贺：是的，我最近因为写一篇关于中国现代文学文献学史的长篇论文，所以回过头去重新看了很多研究者的作品，发现他们的确很了不起，在当时这门学科不被视为学问的情况下，默默无闻地做了很多事。现在他们似乎不大被我们提起了，但整理学术史，一定要尽量公正、客观。可以说，现代文学文献学是包括您在内的几代学者一点一滴地建立起来的。

陈子善：是的，前辈学者对我的帮助和启发很大。当年樊骏先生写完那篇《总体考察》后，希望后续的由我来写，但我拖到今天，一直也没有写出来，有负樊先生的厚望。其实文献史料的研究，不是说不能有理论和总体考察，但最好还是具体问题具体分析。从文学史到出版史、手稿研究、版本学的研究，我自己的研究都是从材料出发，力戒空谈。比如说我最近看到一本潘家洵翻译、王尔德著的《温德米尔夫人的扇子》，是蓝印本（蓝印本在古籍中指书版刻成后用蓝色颜料试行刷印的"初印本"，采用蓝印是为了用墨笔校勘、修改时方便对照，类似今天所谓"试印本"），而且不仅是内容蓝印，书名也是蓝的。今天我们常常讲如何继承传统文化，依我看，书籍装帧设计、印刷出版时采用传统的形式，都是在继承传统。这类书如果看电子版，我们可能没法知道它是蓝印本，除非图像特别高清。

王贺：新文学作品用线装书形式出版的问题，这也是近现代书籍史研究很关心的，可惜目前研究得很不够。

陈子善：对，这方面我已经写了好几篇文章。比如对蓝印本、线装书等的讨论，就是从文学史延伸到出版史、书籍史了。也可以说，我的研究从文学史不断扩大版图，进入很多领域，对其他领域的学者也产生了影响。比如一本书的外在形态、印数（包括首版首刷的印数和再版印数）以及印花（版权凭证），背后都可能涉及重大问题。这些问题一般的读者不会去关注，但我们作为研究者应该关注。研究就是要把被遮蔽和掩盖的东西揭示出来，这才是研究，所以一定要具体、实在一些。因为细部清晰了，才可能对整体有新的认识，虽然得出新的认识很难，但应该是我们的追求。因此，史料研究是真正的"专家之学"，但现在有些研究还是受限于材料。比如要研究巴金在文化生活出版社实际的出版运作过程中所起的作用，研究他具体怎么编书，当作者把书稿交给巴金，他究竟怎么处理？为什么这样处理？可能作者本来给了十篇小说，巴金最后就只出版了八篇，抽掉了两篇，原因在哪里？巴金肯定做过选择。但这方面史料还很少，影响了我们研究的深入。

王贺：的确是这样，我们看西方学者在这些领域成绩斐然，一个重要的前提是资料非常丰富。我们这里不像欧洲、美国，那里保存了相对系统、完整的宗教及教会档案、法院档案、出版商的档案等，我们研究近现代文学史，很多时候恰恰不是资料多了，而是少得可怜。

陈子善：从一定程度上来说，这既是文献史料、文学史乃至历史研究的挑战、难题，也是价值所在。一旦你掌握了一批重要的资料，好好做，就可以做出好的研究来，不用像理论话语那样，在今天很时髦，明天可能就被覆盖、取代了。

中国现代文学文献学的未来

王贺：您接下来会做哪些研究？

陈子善：首先要与友人合作完成新编《周作人集外文》第一卷的定稿，接下来就是把《黄裳集》印出来，我们不叫"全集"，现在编全集的条件还不成熟，全集要全，需要一代一代人去做。然后出版《签名本丛考二集》和《毛边本丛考》，再对作家手稿做一些研究，其他没有系统的研究计划。我一生不搞什么"项目"，让我对研究有兴趣的是问题，是材料，而不是"命题作文"，现在的"命题作文"实在太多了。

王贺：那您觉得现代文学文献学还有哪些工作需要做？或者说，您觉得现代文学文献学的未来何在？

陈子善：你这个问题太大了。我们是研究者，不是占卜师，预测未来的事情还是不要去做。但如果非要说，我觉得有两个方面要加强：第一是要提高利用数据库的水平。现在我们很容易就能使用电子书、数据库，工作效率有大幅度提高。因为你到图书馆去，哪怕给你看单行本原刊、民国报纸合订本，半天大概只能翻几十页，还得小心翼翼，因为纸张已经很脆弱，翻快了会损坏。现在在电脑上看会很快，半天肯定可以看很多，一本书、一本期刊很快就可以从头看到尾，读者只要用心去看，带着问题去看，会收获很多。当然，有些问题也是在漫无目的的随意浏览中找到的，应该把这两者结合起来。利用好数据库的关键是阅读者本身的知识储备，对文学史的把握决定了你能看到什么；你之前的知识结构，包括对文学史、史料的熟悉和积累程度，决定了你能从中发现什么样的问题。研究者要有文献学的意识，可能你对某个作家本身并没有太多研究，但你已经有学术敏感，就会顺藤摸瓜发现许多新东西。

第二是怎么和文学史研究对话，跟以往的文学史研究对话。以前的文学史研究，可能过于突出某些作家，这不能说全错，但显然非常不够。因为另一些作家未必那么差，只是由于各种各样的原因，没能进入研究者的视野。研究者本身也可能带有某种偏见，造成文学史越来越狭窄。我们20世纪80年代以来所做的工作，就是不断还文学史一个本来面目。在这之前是做"减法"，不断地减，减到无可再减，后来做"加法"，但是加法其实比减法难做，因为加进来的东西，只要被抓到一个把柄，就又被减掉了，比如胡风这批人。当然，现在胡风要加上去。但是，其他的作家和作品呢？我们能不能加进去，加到什么程度为好？他们这批人是否也有这样或那样的问题？其实我所谓"加法"，不是给作家一个文学史上的位置，给他们如何高的评价，而是承认他们在文学史或者至少在文学史的某一个时段发挥过重要的作用，而不是说让他们"自然消亡"。

王贺：对的，我也时常在想，我们以为的"自然"究竟有多"自然"？我们所谓的"现代"究竟有多"现代"？现在流行的很多概念、判断其实是经不起反复追问的。现在，我想提最后一个问题：对年轻一代的研究者，您作为文学史家、文献学家，有什么要提醒的吗？

陈子善：不能说提醒，我希望年轻一代学者能做得更好，不过不要着急，慢慢来。现在的环境比我们那时候好太多了，当然也有新的问题。但话得说回来，任何一代学者，都有他们要面对、处理的问题，没有一个理想的做学问的时代。你的研究成果问世了，哪怕一时得不到别人的认可也没关系，还是要相信、坚持自己的选择，时间最终会不断地淘汰那些浮华、喧嚣一时的东西，质朴、扎实的东西一定会留下来，要有这个自信。你们要多看古人、前人的东西，不要和当代人比，那样出息不会很大。

王贺：谢谢陈老师！您今天分享的内容从人生经历到治学经验，从现代文学文献学的历史、现状与未来，谈到研究的理论、方法等，很多都是之前在访谈或您的文章里没有出现过的。相信您的这些教诲不仅能给更多的人以启发，还会激发更多的思考，让青年学者在做这方面研究时更有信心，这一切最终一定会推动这个领域的研究走向深入。我们的谈话就到这里吧。

陈子善：好的，你也辛苦了，就到这里。

（原载《文艺研究》2019 年第 10 期）

咖啡馆与上海与我

访谈人：倪文尖 ①

　　倪文尖：酒吧、咖啡馆是改革开放后上海出现的新景观，您是否像很多人那样，将其归入"时尚"之列？

　　陈子善：20 世纪 90 年代以来，随着上海企图重塑现代化国际大都市的形象，酒吧、咖啡馆像雨后春笋般林立于上海街头，有的以怀旧为招牌，有的凸显欧陆风情，或优雅温馨，或充满动感活力。但是从目前上海人的消费水平、消费偏好看，酒吧、咖啡馆确实是一种时尚，甚至说白领阶层、时髦男女、"新人类"蜂拥而至，也不过分。但去泡酒吧、泡咖啡馆的人，并不都是在追求时尚，这也是不争的事实。以我的观察，上海现在的酒吧、咖啡馆可大致分为这样几类：一、星级宾馆内的酒吧／咖啡厅；二、大型商场内的酒

---

　　① 倪文尖，时在华东师范大学中文系执教。

吧／咖啡厅；三、高级写字楼、公寓内的酒吧／咖啡厅；四、衡山路、茂名路、雁荡路、"新天地"等休闲一条街上的酒吧／咖啡馆；五、越来越多地散见于如大学周边等地的酒吧／咖啡馆；等等。当然我们知道，现在上海的酒吧、咖啡馆还没有被区别开来，往往是合二为一的，有的下午供应咖啡，晚上就成了酒吧，而酒吧、咖啡馆与茶坊三者合一的也不少见。这样，不同的场所，消费者也不同；去酒吧、咖啡馆的人的身份、层次、目的、兴趣是很不一样的，不宜一概而论。

倪文尖：那么您个人呢？据我所知，您是希望有比较纯正的咖啡馆的，因为您与咖啡以及咖啡馆的"交往史"不算短。能谈谈吗？

陈子善：当然可以略微谈一谈。念中学时我对淮海中路上的"老大昌"、南京西路上的"凯司令"印象较深，这些名店不但有美味可口的鲜奶油蛋糕让人垂涎欲滴，还有现在看来并不豪华洋气的咖啡座让人想入非非，但身为学生，囊中羞涩，不可能进去，在门外偷窥几眼，满足一下好奇心而已。没过多久，浩劫风暴骤起，将之一扫而空。直到 20 世纪 70 年代末，才有极少数几家咖啡馆重现于上海滩，如南京西路、铜仁路口的"上海咖啡馆"，只是室内灯光幽暗，气氛暧昧，我不喜欢，偶尔才去坐一坐。这以后，随着学术文化交流频增，与港台、海外翩然而至的作家、学者相约聚会，就多在宾馆的咖啡厅、百货公司的咖啡座。我记得，直到 1992 年、1993 年，要找另外的咖啡馆，还是件难事。我因此逐渐学会了品尝各种咖啡，鉴赏不同风格的咖啡馆，对咖啡文化，尤其是中外文人与咖啡（馆）的关系产生了浓厚的兴趣。大概和早年的记忆有关，和我喜欢咖啡香有关，也因为我不善饮酒吧，我是更欣赏咖啡，更愿意去咖啡馆的。固然，眼下酒吧似乎要强势多了，这从行话"泡吧"中也能够见出几分来。这也无所谓，就叫酒吧好了，只要酒吧里有好咖啡，反正我去了，是喝咖啡的。

倪文尖：上海现今的大部分酒吧、咖啡馆都以"怀旧"主题相号召，就您掌握的材料，"上海"与咖啡馆的那个"旧"，究竟是怎样的？

陈子善：以我的了解，如果追溯上海的咖啡文化史，最初和咖啡馆结下不解之缘的，恐怕还得数近代以来的一部分作家。咖啡馆对 20 世纪二三十年代生活在上海、受西方文艺思潮特别是世纪末思潮影响较深的文化人，有很大的吸引力。经常出没于咖啡馆并在小说、戏剧、散文和诗歌中描写咖啡馆的现代作家，就新文学作家这个层面而言，就可以开出长长一串名单：田汉、郁达夫、张资平、邵洵美、张若谷、穆时英、施蛰存、叶灵凤、林微音、徐迟、董乐山……甚至还有鲁迅，尽管鲁迅去咖啡馆不喝咖啡，仍啜清茗，尽管鲁迅认为泡咖啡馆是洋玩意儿，是浪费时间。可惜得很，当时有名的咖啡馆，像 DD'S，像"沙利文"，像"文艺复兴"和"上海咖啡"，而今均烟消云散，不复存在。鲁迅光顾过的"公啡咖啡馆"倒是恢复了，我还没有领略过，不能妄加评论，但从一些介绍看，似也与当年的风貌相去甚远。

当时的作家、诗人和艺术家之所以钟情于咖啡馆，一是咖啡本身的刺激，其效果"不亚于鸦片和酒"；二是有不少人把咖啡馆当作激发灵感、写稿改稿的好去处；三是咖啡馆提供了交友会友、谈文说艺的地点；四是一些经济无虞的文化人把上咖啡馆作为一种时髦的生活方式；最后，左翼作家和文化人更把咖啡馆当作秘密接头、聚会的理想场所。

倪文尖：但有一点倒是今昔一致，酒吧、咖啡馆总是同上海最洋派的一群人关系最密切，当年是文人，如今是白领，换句话说，即便在老上海，咖啡馆、酒吧确乎也没有进入普通上海人的日常生活。

陈子善：是这样。在老上海，咖啡馆是与茶楼并存的，但茶楼要远比咖啡馆更深入民众的生活，郁达夫写过一篇《上海的茶楼》，对此有过精彩的叙说。一般市民显然更愿意接受中国传统文化风格的茶楼。但我要说的是，对一部分知识分子，特别是有欧美留学背景的知识分子而言，咖啡馆就更受欢迎，因为咖啡馆与电影院、小汽车、跳舞场、百货大楼、跑马厅等一起，共同组成了光怪陆离、绰约多姿的都市文化，被看成是现代性的重要标志。

倪文尖：您最近的英伦之行，肯定没少光顾咖啡馆、酒吧。

陈子善：2000 年夏天，我在英国剑桥待了一个月，其间也曾到伦敦和英国南部乡村小住。那里给我的一个极深的印象是，无论繁华都市，还是乡村小镇，咖啡馆到处可见，而且往往布置雅洁，小巧玲珑，令人有宾至如归之感。英国人有喝下午茶的悠久传统，咖啡馆与小茶室（A little tea room）合二为一，比比皆是。不过现在咖啡馆与酒吧合流，有后来居上的架势，看来"全球化"无处不在，太厉害了。英国的咖啡馆才叫真正进入了日常生活，一杯咖啡 1.5镑，谁都受用得起，同样一杯"卡普基诺"，味道没说的，价格却比上海的便宜，简直不可思议。难怪每每午后或傍晚，男女老少都来泡一泡，或露天小憩，一杯红茶、一杯咖啡在手，翻翻报纸，拉拉家常，其情怡怡，其乐融融。同时，我特别注意到，英国咖啡馆、酒吧大都也是充满了浓厚怀旧情调的，但与上海的那种怀旧（其实是"做旧"，所以多少也"作秀"）不大一样。英国的许多咖啡馆本身就有很长的历史，在剑桥，一两百年的咖啡馆随处可见；在伦敦，我还到过《约翰逊传》作者包斯威尔与约翰逊首次见面的咖啡馆，你到了那里，思古之情油然而生。

倪文尖：英国是"老牌帝国主义"，是中产阶级生活方式最重要的策源地之一，咖啡、酒吧是其题中应有之义，而"怀旧"也许是英国人的一种"集体无意识"了，因为遍地都有"旧"可怀，所以也就无须借咖啡或酒来浇心中块垒了。这自然和上海这边不同。我听您的意思，还是希望酒吧、咖啡馆进入我们的日常生活的。

陈子善：简洁也直率地说，我希望。如果上海人经常可以上咖啡馆、酒吧坐坐，会会朋友，就像现在去超市购物那么平常，那么日常性，我看没什么不好。事实上，超市在十多年前出现的时候，也是时髦人士出入居多，也似乎是可以归入某种时尚的。但酒吧、咖啡馆的前景就没那么乐观了，起码目前还看不到这种可能性，因为上咖啡馆泡吧太像是一种时尚了，很多人去，不是源自自己的需要，是为了赶时髦、赶新鲜，而新鲜感是不能长久的，时尚总要过时，这正是需要我们正视也值得我们讨论的。换句话说，如果酒吧、咖啡馆真的是我们日常生活的一部分了，其文化内涵和讨论空间也许反而少了、小了，不知这算不算一种吊诡。总之，现在拿酒吧、咖啡馆来做文化研究，恰逢其时，也大有做头。

（原载2001年9月江苏人民出版社初版《酒吧／咖啡馆与上海与我》）

我从不怀疑我的工作

访谈人：陈佳勇 [1]

陈佳勇： 你关注张爱玲、关注徐志摩，而且大多从史料上去挖掘。我想知道的是，这样的关注更多的是从你个人的喜好出发，还是出于你的职业习惯？毕竟，你的专业，你的工作，就是去研究这些文学人物和文学事件，但一旦进入，也很容易纠缠于他们的一些生活琐事。这是学术的真正方向吗？

陈子善： 改革开放后，很多现代文学研究上的禁锢被打破，可以放开了去研究。但每个人的研究兴趣和切入点是不一样的。譬如有的人喜欢研究老舍，有的人喜欢研究沈从文，而我喜欢研究张爱玲和徐志摩。有人看到现在张爱玲、徐志摩很"火"，就问我是不是因为他们是热点才去研究。我的回答很简单：不是。事实上，我

---

① 陈佳勇，时任《新闻晨报》记者。

研究张爱玲的时候，虽然在学术圈已经有人关注她，但相关研究在社会上还不是热点，远不像现在这样热闹。我的出发点是，人家研究得比较深入的，那我就不去做了。我的研究随机的成分比较大，完全凭自己的兴趣。形而上的宏观把握并不是我的专长，当然，如果时间充裕的话，我也会做些大的研究。

至于那些作家生活上的细节，研究者是有权利知道的，也会进一步扩大到这个作家的生平事件，如婚姻状况等。并不是所有的作家都会在作品里表现他个人的心境，但这些日常生活往往乃至必然会影响到他的文学发展。因此，为了把某个作家的文学脉络梳理清楚，研究者就有责任去挖掘史料，把隐藏起来的真实显现出来。不可否认，这里也要讲究一下"度"的把握，但这和曝光他们的隐私是完全两个层面的事情。就好比研究古代作家的诗文，就必须研究他们的个人情感生活，了解这些背景才可能正确把握作品的意义。但这些判断都是基于事实的，这和现在的"狗仔队"挖掘明星绯闻有本质的区别。

陈佳勇：也许我应该这样问，比如，你去研究徐志摩的感情经历，区别他和张幼仪、林徽因、陆小曼这三个女性的情感纠葛，显然可以帮助人们更好地理解他的那些诗句。但作为研究徐志摩的学者，要是有人问你对电视剧《人间四月天》有什么看法，你会怎么说？事实上，你在文章里也谈到过这些。

陈子善：这里首先要说明，徐志摩的文学作品里有很大的比重是情诗，这必然会牵涉他和这三位女子的感情纠葛。至于《人间四月天》这部电视剧，它的文学剧本还是不错的，当然，作为电视剧，也有误导观众的地方，比如过分在意、拔高了张幼仪，却贬低了陆小曼。我觉得现在那么多拍文化名人的电视剧，干脆你戏说，大家就不会完全当真了，也用不着让专家来谈论。但如果是以一个正剧的面目出现的，那基本的史实显然是不能违背的，要禁得住众人的推敲。如果有人来问我这样的问题，我当然要谈谈，只是会有所区别，在不同的场合发出的声音有所不同而已。

陈佳勇：你觉得近几年来对于 20 世纪三四十年代的上海文化的怀旧潮，除去商业的因素之外，文化学者以及众多作家，也包括出版人，在这股潮流里扮演了怎样的角色？

陈子善：哈佛大学的李欧梵教授也跟我谈起过这个事情，他当初写那本《上海摩登》时，谁会想到会有之后的这股怀旧潮？当时他是纯粹地去研究都市文化、都市文学、消费文化，结果书出来后，却显得是学者在里面推波助澜似的。当然，不可否认，有一部分作家，也有个别学者主动地参与到这个潮流里。我觉得，作为一个研究者，应该保持清醒的头脑，尽管这股怀旧潮流是全球性的，但研究者应该尽可能地保持一个客观的态度。从史料出发，就不会单纯地把 20 世纪 30 年代看成是一派风光，也不会看成是一团漆黑。譬如，我编的那本郭建英的漫画集，可能有人说我是在"轧闹猛"（凑热闹），但在那个年代，那的确是最流行的一面。不参与也有不参与的理由，如果你本身不是研究都市文化的，那又何必去参加呢？

陈佳勇：你的生活几乎都是围绕"书"展开的，读书、编书、写书、藏书，为什么会如此热爱？

陈子善：这就是人的本性。人嘛，总有些癖好。有的癖好是健康的、无伤大雅的，女人爱逛街其实也是癖好，但有的癖好就不大好了，像酗酒、吸毒。我的癖好就是书，还好，可以和我的专业、工作联系在一起。我十分痴迷书，看到好书，就特别喜欢。这也是有渊源的，我记得在1967年、1968年的时候，当时我读高一，没书读，我就和另外两个也是喜欢书的同学到学校图书馆去偷书。具体分工是这样的，一个负责望风，一个负责撬锁，而我负责到里面去挑书，他们都相信我能挑到好书，我主要是选了许多古今中外的文学名著。你看，从那时候我就开始"挑书"了。反正，就是特别喜欢书。

陈佳勇：过去你在华东师范大学图书馆工作，那是怎样的一段生活呢？你在那里发现了什么，是否也有那种"发现的愉悦"？图书馆，似乎就是一个挖掘机密、在角落里发现遗忘的地方。

陈子善：像我这种做史料研究的学者，是离不开图书馆的。我在华东师大图书馆总共工作了七年，担任副馆长，很有收获。当然对我的研究而言，也是"近水楼台先得月"。图书馆本身是有神秘性的，但在现代社会，一个好的图书馆应该是一个被充分利用的图书馆，尽可能地为读者服务，而不只是单纯地藏书。我确实在大大小小的图书馆里发现了不少珍贵的史料。

陈佳勇：对于你目前所从事的文化工作，或者说，学术研究，你怀疑过吗？这是否就是你最初的选择？

陈子善：我曾经这样调侃，说我自己别的事情干不了，只能干现在这个工作，但我其实觉得自己的工作是很有意义的。历史上的很多人和很多事往往是被遮蔽的，但人们希望了解真相，了解过去发生的事情。我的职责就是要把中国文学自五四运动之后的发展脉络梳理出来，对此，我没有一丝一毫的疑虑。相反，我觉得我做这个工作做得太晚了，如果我能年轻十岁、二十岁，我还是会做这个工作，可能还会做得更多。至于有的人在怀疑，那是因为文学开始边缘化了，文学回到了本位上来。对此，研究文学的人应该有一个清醒的认识。

陈佳勇：你的著作里，总是谈到过去的很多文化事件，特别是过去的很多书，那对于当下的众多书籍，以及当下的所谓文化事件，你究竟有怎样的一个总体印象呢？

陈子善：这个比较难回答。反正，现在的炒作水平比过去发达多了，但我对现在的一些说法很不以为然，像之前的"美女作家"之类。当然，从大的方面讲，现在多元化了，文化生活肯定比以往丰富。但现在的这些东西究竟能有怎样的价值，还得靠时间来证明。无论如何，学者要头脑清醒，不要瞎起哄，这是一条准则。

（原载 2004 年 3 月 14 日上海《新闻晨报·悦读》）

辑
四

谈阅读体验

让文学史鲜活起来、丰富起来

——谈读书、买书、编书的体会并答听众问

访谈人：傅杰 [①]

谈读书、买书、编书的体会

傅杰：经过前三次，大家对志达书店的这个讲座应该都不陌生了。我作为这个活动的主持，在主办方志达书店的支持下，总是想把最好的学者请来。比如我们第一讲请的荣新江教授，我可以不夸张地说，他是全中国对敦煌文献最熟悉的人。我们下一次，在子善老师之后，要请的陈尚君教授，我可以不夸张地说，他是全中国对唐代文献最熟悉的人。那么今天请来的子善教授，我也可以不夸张地说，他是全中国对现代文学文献最熟悉的人。

---

① 傅杰，浙江大学马一浮书院特聘教授。

陈子善：有点夸张，有点夸张。

傅杰：我 1992 年从杭州大学到华东师大，跟在那里兼职的王元化先生读博士，所以我认识子善老师，从 1992 年到现在，差不多三十年了。但我知道子善老师肯定不止三十年。没到华东师大的时候，我觉得他是个老先生，因为那个时候他编了梁实秋、周作人的作品集，他的名字经常出现在当时的《文汇读书周报》上。那个时候，友人陆灏任编辑的《文汇读书周报》正值"黄金时代"。当时老一辈先生都健在，钱锺书先生都看，王佐良先生、金克木先生、张中行先生、朱维铮先生、钱谷融先生、王元化先生都时常为报纸写稿。那时我在杭州就不断地看到陈子善的名字，而且文章都是写哪位老先生编的书材料缺了，补充哪个大家都没有见过的材料……有些是黄裳先生、钟叔河先生都不知道的。我就觉得这是一位比今天在座的子善先生更年长的人。结果到了华东师大知道子善老师就是中文系的，后来一见到更知道那一年子善老师才四十出头，说青年有些夸张，就是一位刚刚步入中年的老师。我对子善老师的印象是不认识他的时候觉得他很老，认识了觉得他是个中年人，快三十年之后，我慢慢地老了，他也已经年过古稀，但是我现在反而觉得他越来越年轻了，这大概就是爱书起的作用。

我们在最爱书的时代，那个还没有网络购书的时代，一般常在周末一早骑上自行车，背个大包去文庙淘书。我肯定不是每个星期都去，那个时候也就个把月去一次，但是如果我去十次的话，基本上可以碰到子善老师九次，他都背着一个比我们的更大的包。

陈子善：你又比较夸张。

傅杰：到了现在，比如每年夏天为期七天的上海书展，子善老师经常有七场以上的活动。我觉得他有活力，这也是爱书带来的好处。大家可以在接下来子善老师的讲授当中，进一步领略他的青春风采。

陈子善：各位晚上好，今天是星期三，耽误大家晚上的休息时间，但是这不能怪我，要怪傅老师，他把我找来，说要跟大家聊一聊读书经验。刚刚他把我狠狠地表扬了一通，实在不敢当，我只不过比较喜欢书而已。

傅杰：我们当年翻阅杂志、报纸，好像真的跟历史离得很近。

陈子善：谈我这个人的经历，就从 1976 年 2 月开始。我的华东师大校园卡上的编号就是 19760020，我是从 1976 年 2 月在当时的上海师大中文系开始工作的，到今天已经很多年了。我算术不好，已经记不清有多少年了。这是一个时间节点。另外一个时间节点是1976 年 10 月，我开始参加 1981 年版的《鲁迅全集》的注释工作。这两个时间节点对我来讲比较重要，在我个人的成长史上比较重要。第一个，我开始成为一名大学老师，开始教书。第二个，我开始参加《鲁迅全集》的注释，这从某种意义上决定了我以后所走的学术道路，或者说我买书、读书的方向。为什么这样说呢？如果我不参加《鲁迅全集》的注释，就不需要花那么多时间和精力去把一个个具体的、非常琐碎的问题弄清楚。因为我参加注释的部分是鲁迅

1934年到1936年写给朋友、学生的书信,这些书信往往是很具体的,涉及具体的一件事情、具体的一本书、具体的一句话,那么按照注释的要求我们都要注明出处、注明来历,比如鲁迅为什么会在信当中发这段议论,都要查清楚,所以逼得我不得不去做这样比较仔细的查找的工作。

前两天我刚刚参加了上海一位有名的文史掌故作家郑逸梅先生一百二十岁的纪念活动,当年我就曾向郑老请教。当时有一位鸳鸯蝴蝶派作家程瞻庐,鲁迅有封信中写到他买了程瞻庐的小说寄给母亲看。鲁迅的母亲不喜欢看鲁迅写的小说,喜欢看张恨水的小说、程瞻庐的小说,于是,鲁迅买了张恨水的小说、程瞻庐的小说寄到北京,让母亲消遣。按照注释的要求,我要注明程瞻庐是什么人、他的生卒年月和代表作等具体信息。这在今天很容易,网上一查就可得,大体信息都可以查到,但是当年没有资料可查。怎么办?我突然想到郑逸梅老先生,就给他写信。郑老先生马上就回信了,将我的问题中他所知道的信息,一条、两条、三条……写得清清楚楚。现在《鲁迅全集》里这条注释实际上是郑老先生注的,我只不过是把他给我的回信搬到注释当中罢了。就是这样,我开始对现代文学领域里一些历史经过,一些历史事件、历史人物及他们的经历,产生了浓厚的兴趣。所以在我的学术生涯中,我花了很多的时间和精力去解决一些很具体的问题。可能其他的研究者对这些问题不屑一顾,或者没有兴趣,或者说少有兴趣,而我呢,却对此兴趣很大。

1981年版《鲁迅全集》出版以后,我的兴趣转向了另外一位作家,鲁迅的好友郁达夫的身上。我发现一个非常有趣的事,鲁迅跟创造社作家的关系一直非常紧张，跟郭沫若、成仿吾这些人的关系一直是非常紧张的，唯独郁达夫，鲁迅跟他关系非常好，一直到鲁迅逝世。这是什么原因？郁达夫到底是个怎样的人？

当时社会对郁达夫的评价不高。经查，1949年以后，郁达夫的作品只出过两种薄薄的选集。一种是丁易所编，1951年由开明书店出版的《郁达夫选集》。1954年人民文学出版社初版的《郁达夫选集》完全依据丁易这个选集，只不过把丁易的序变成附录而已。1957年，文艺理论家冯雪峰被打成"右派"，但还是要工作，组织就给了他一个任务，让他编郁达夫的作品集。冯雪峰花了很多时间和精力收集郁达夫的作品，按照他对郁达夫的理解，重新编了一种郁达夫选集，于1959年出版。这样，从1949年到1979年，郁达夫在内地出版的作品就只有这两种薄薄的选集。这显然与郁达夫在现代文坛的地位很不相称。那么，郁达夫到底写过多少作品？我们该怎样重新评价郁达夫？我对此产生了兴趣。既然《鲁迅全集》的注释工作已经结束，我就把注意力转到了郁达夫身上，于是就开始了对郁达夫相关资料的搜集和整理，与王自立先生合作，先后编了《郁达夫文集》《郁达夫研究资料》《回忆郁达夫》等书。

我一直是这样的，我认为一位作家相关资料的搜集和整理大体上完成了，就会把注意力转到下一位作家。当然了，现在回过头来看，包括郁达夫在内的作家的资料还是有很多缺漏。现在在网络上找资料方便了，有数据库啊，很多年轻朋友在数据库里不断地查找，有时就会跟我说："陈老师，我们又找到了一篇！"我说："好啊，这是你的收获啊。"但是当年我们没有这样的条件，只能一本本杂志、一本本报纸的合订本去翻。不过，任何事情都是一分为二的。现在年轻人在数据库里找，看的是电脑屏幕，而我们当年翻阅杂志、报纸，好像真的跟历史离得很近，一页页翻过去，闻着报纸、杂志那种接近古纸的味道，那是一种跟线装书还不一样的纸的味道。

　　我有一个很深刻的记忆，关于上海辞书出版社资料室。它原来是中华书局的资料室，中华书局从上海搬去北京，资料室里的书报杂志就都留在上海，由《辞海》编辑部（后改为上海辞书出版社）接管了。当时我去那个资料室查找书刊，第一次是找了他们的领导，征得了同意，然后就请一个负责具体管理的工作人员递书。我和他打交道，请他抽烟，他说："我们图书馆不能抽烟，到外面来，院子里。"他们院子里的绿化不是很好嘛。我在那儿跟他抽烟，搞好关系。他说："这样，你下次来，自己进去看，省得我帮你拿。"他怕累嘛。我就一个人在库房里面爬上爬下，浑身上下弄得都是灰，但是高兴呀，这种待遇从来没有过。那段时间有许多意想不到的收获。每当翻开一份报纸，翻到这一页，在这个副刊上看到一篇我不知道的或者之前没有文字记载的作家的作品，喜悦的心情难以言表。堪称"孤本"的上海《中华新报》副刊《创造日》，我就是在那里找到的。

　　之后，就像滚雪球一样，我研究的作家从郁达夫，又到周作人、梁实秋……当然，这里有一个前提：这些作家，是我当时认定很重要的，是我们必须正视，不能忽视、不能忽略、不能回避的。他们绝不是那种可大可小、可有可无的作家，他们在现代文学史上的地位是明摆在那里的，只是我们以前故意不去触碰，故意回避，或者说故意冷落，故意摆在一边了。

傅杰：你学习的文学史是丰富的还是单调的？

陈子善：讲到读书，我实际上没有多少经验可以说，只能讲一些体会。经验是谈不上的，因为每个人都有不同的经历、不同的角度。

作为接受过正常教育的人，读书，读书，有一种书是必须读的，就是教科书。有哪一个人说我没读过教科书？哪怕是大博士也得读教科书啊。但教科书往往是最难吸引人的。我不知道在座诸位有这样的体会没有，我自己在照着教科书教书，我知道，教科书要想让学生读得津津有味，可能性不大。不是说没有好的教科书，我没有这个意思。肯定有好的教科书。但是，在我们现当代文学这个领域里面，教科书要让你读得津津有味、欲罢不能，很难，这很难。为什么呢？其中有各种各样复杂的原因，比如对不少作家一会儿肯定，一会儿否定，怎么评价？

我记得从 20 世纪 80 年代开始，在相当长的一段时间里，我们使用的教科书是唐弢先生主编的三卷本《中国现代文学史》（以下简称《文学史》），后来简化成一卷本的简编本。唐先生从 20 世纪 60 年代开始编，花了很大的精力。副主编严家炎先生现在还健在，最近他还写了文章讨论这个问题。现在回过头来看，唐先生这部教科书问题太大了。20 世纪 80 年代唐先生自己就意识到了这个问题。1985 年秋天，浙江富阳召开"纪念著名作家郁达夫烈士殉难四十周年学术讨论会"，日本学者、新加坡学者都来参加了。当时尚健在的郁达夫的作家朋友很多都到场了，包括五四时期就出名的诗人汪静之、楼适夷，我们华东师大的许杰先生等。唐先生也到场，但是他迟到了。他到的时候，我已经提前离开了。所以他在会议闭幕式上的发言我没有听到，我也不知道他有这么一个发言。时隔多年，我才在一份材料上看到他当时发言的记录稿。这份发言记录稿也没有收在他的文集里。记录稿里有一条说的是他要郑重地向达夫先生道歉，因为他的《文学史》对达夫先生的评价没有恰如其分，贬低了，当时他的思想不解放。唐先生承认了他自己的问题。我学习现代文学史，那就要把唐先生的《文学史》找来看看，他怎么评价了？怎么评价低了？低到什么程度？为什么后来到了 1985 年的时候他要讲这样的话？……就是这样读书啊，可以比较。

我看唐先生的书，更感兴趣的不是他编的《文学史》——虽然这《文学史》是"高头讲章"，很长一段时间是我们大学本科生以及硕士生都要读的——而是他的另外一本书《晦庵书话》。这本书很有趣。对于读书，我们现在有很多说法，比如上海巴金故居的周立民先生有一个说法很有趣，叫作"躺着读书"。不是正襟危坐地坐在书桌前读书，而是躺在床上，在睡觉前，拿一本书随便翻翻。那么，唐弢先生的这本《晦庵书话》，就是"躺着读书"的比较理想的读物。书里的文章很短，一篇文章不到一千字，基本上就一到两页。"晦庵"是唐先生的笔名；"书话"，就是用简明的带有文采和情感的文字，将他看到的中国现代文学史上各种比较罕见的图书版本中他认为值得介绍的，包括创作、理论、翻译等，表达出来。那么多年过去，我已经读过很多遍了，有时候还是会拿起来翻翻。这本书最大的优点就在于它可以给我们提供很多线索，很多进入现代文学史、研究现代文学史的线索。它提到的很多作家、很多作品，我们现有的文学史都不讲的。为什么不讲？是应该不讲，还是应该讲而没有讲？这本书里的文章大部分是唐先生在 20 世纪 40 年代写的，一部分是 20 世纪 60 年代写的。这些文章都非常有趣，所以我跟我的研究生上课的时候就会说："这本书你们都要去读一读，它的价值不亚于那些'高头讲章'、那些理论书。因为它可以提供给你很多线索。你学习的文学史是丰富的还是单调的？唐先生在《晦庵书话》里告诉你的文学史是丰富的、多样的，而现在我们教科书上的内容正好相反，是单薄的、单调的，讲来讲去就那么几个作家。那几个作家确实很好，没有问题，但是整部中国现代文学史就只有这几个作家吗？"我曾经举过一个例子，当然这个例子也不太好，俄国作家契诃夫讲过一句很有趣的话，大致的意思是大狗要叫，小狗也要叫，大狗、小狗一起叫，那才热闹。那些大作家就相当于"大狗"——当然这样讲不太好——小作家就是"小狗"。"大狗"叫起来很响亮、很洪亮，声震四方，没有问题啊，但"小狗"也要让它叫叫嘛，也许也有两声很悦耳、很好听，对不对？只管"大狗"叫，不管"小狗"叫，这个文学史怎么丰富？

刚刚出版的，我这两天也经常在床上翻阅的《钱锺书选唐诗》，这里面很多诗我们都不知道。钱先生选得很认真，选了那么多。我自觉水平有限，但有的诗我看着很普通，钱先生为什么选这些诗呢？想必钱先生也是这个原则，他认为值得选的，他就选了。有意思就在这里。我们不要迷信一些现成的、已经公认的书。我当然很赞成大家的著作、经典的著作都要认真阅读，甚至要反复重温。但是呢，不是大家的、在某些方面可能很有特色的作品，我们也应该关注一下。

问题是你自己要有眼光去选择。有时候我看一部作品，从头看到尾，感觉确实很差，那也是一种收获，至少知道这本书不好。也有可能我看不下去，看到一半就扔了，那也可以，至少知道这本书我看不下去。问题是你要选择，要知道哪些书适合你。教科书没办法，规定了你要阅读，你不喜欢也要读，硬着头皮读，为了你的学业，这是另外一个问题。但你自己阅读，要有选择，要有大的视野。

傅老师将前面几位讲座的视频都给我看了，我和他们的经历都差不多。我们那一代人都经历过从没有书读到后来书太多而来不及读的过程。而现在的年轻的朋友，包括你们在座的诸位，面对的是书来不及读。傅老师的书你们都读过吗？好书太多了，来不及读啊。我现在碰到学生都问："你最近在读什么书啊？"学生说他在读什么书。我说："哎呀，我不知道啊。"赶快补课，但补课都来不及啊。书太多了……以前有个俗语"老鼠掉在米缸里"，现在我就掉进了米缸，爬也爬不出来，好书太多了……在这种情况下，怎样挑选适合自己的书？不一定是大家的、经典的，但是适合我自己的，这一点很重要，我觉得很重要。对做研究来说，更应该是这样了。

从1995年一直到2010年左右，我先后编过一些以前被忽视或被冷落的作家的各种各样的作品集。我当然有我的诉求，要让这些作家被包括大学生、研究生在内的更多的年轻读者知道。知道了之后你怎么评价，这是第二步。你可以评价说这些书"不过如此"，可以，没有问题，但你首先要知道、要了解，你不能照搬现成的结论。

我跟傅杰老师一起编过"新世纪万有文库"，后来又一起编了

"海豚书馆"。"海豚书馆",我编的是红色系列（"文艺拾遗"系列）。这个很奇怪,我编的都不是红色（主题）的书,但属于红色系列。书的封面是红色的,不是大红,是粉红。不信?你可以到书店去翻一翻,也许志达书店就有。在"新世纪万有文库"里,我编的作家比较多的是新月派和与新月派有关系的,丁文江、陈西滢、邵洵美等,我将他们散见于各种报纸杂志上的文章收集起来。另外,徐志摩和梁实秋的书当然也编了不少,主要是他们的集外文。但是像陈西滢、邵洵美等人的作品,就几乎没出版过或出版得很少。

讲到邵洵美,还有一个很有趣的事。中国有很多作家都喜欢写宏大题材,有些具体的题材是不写的,比如近代以来中国人的赌博,各种各样的赌。而邵洵美就写了一系列关于赌博的小说。我觉得很有趣,别人都没写。而且他对赌博的看法也很特别,他说他非常佩服发明骰子上这个点的人,这个人比达·芬奇、米开朗琪罗都伟大,因为他们只发现了线,而这个人发现了这个点。好玩吧?他写了一系列赌博题材的小说,我就把它们编成了一个赌博系列。邵先生的个别后人就不高兴了,觉得怎么可以把邵先生变成赌徒。我解释说,不是把邵先生变成赌徒,他可能为了体验生活去观察赌场,然后写成小说,这是好事,并不是把邵先生与赌徒等同。他们还是觉得我在故意贬低邵先生。我请他们不要误会,邵先生非常厉害,别人都不写赌博,但他写了,为现代文学题材的多样性做出了贡献。至少邵先生做到了这一点。当然,我后来又发现其他一些作家也写赌博。有一位张友鸾,1945 年以后《南京人报》的总经理,他也写小说。我们有几个人知道张友鸾?但他的小说当时在南京风行一时啊。小说的封面谁给他画的？这个人大家应该知道，黄苗子，大画家黄苗子。我把这两个封面给黄苗子的儿子看，他就说："我老爸还画过这个东西？"都不知道。张友鸾以"牛布衣"为笔名写的《魂断文德桥》和《汗把滥的五爷》两部小说在当时是畅销书。《汗把滥的五爷》就是专门写赌博的，每一个赌博的场景都写得活灵活现，完全不同。我看过他这部小说。现在的电视剧之类写赌博的都是烂东西，根本没办法比，实在太差了，跟当年的怎么比？张友鸾是新文学里出来的，当年跟郁达夫等人关系都很好，我还请他老人家写过一篇纪念郁达夫的文章。偶然的机会看到这两部小说，我特别感兴趣。所以，读书是非常有趣的一件事情。读书就是要看这样的，人家没看到的，你看到了，而且你发现了它意想不到的长处。

这些文学史上不讲的，没机会讲，文学史讲来讲去都是大家知道的那些作家。那些作家确实写得不错，我没有否定他们，但是也有更有意思的这些作家、更好玩的这些作品，它们同样反映生活。

还有陈梦家，他的第一部集外文是我给他编的，《梦甲室存文》，因为他研究甲骨文，所以他的书斋名叫"梦甲室"，他的集外文就叫"梦甲室存文"。当然，今天回过头来看，有很多新的发现，也有不少遗漏。现在陈梦家的年谱都已经有研究者编出来了，而且还不止一部。但我还是很高兴，因为我当年率先把陈梦家的这些集外文搜集起来。当年，中国社科院考古研究所的同人只关心他那些关于考古的学术文章，其他的文章迟迟没人来编。他写的很多文学评论、文艺随笔都很精彩。

还有叶公超，这个人也是很有名的评论家，但是因为他后来去了台湾，在国民党当局里有重要的职务，所以不提他。20世纪末，王元化先生、钱谷融先生领衔编了一套"世纪的回响"丛书，我就把叶公超这个选题报给具体负责的李子云老师，我还怕他们不批准。后来居然批准了，我赶快把它编出来。我们现在看叶公超那些评论，写得多漂亮。这个人英文好得不得了。

所以，我乐于做这些工作，叫作"拾遗补阙"，在我力所能及的范围里，拾文学史之遗，补文学史之阙。

20世纪末到21世纪初，"海豚书馆"又提供了一个新的平台让我来做。宋春舫、熊式一、徐祖正、南星、李影心、王莹、艾霞、周鍊霞……这些名字不要说在座诸位可能比较陌生，就算是专门做现代文学研究的研究生都会感到很陌生。他们在1949年以后都没有出过书（王莹的遗著长篇小说《宝姑》改革开放以后才出版），我给他们每个人都编了一个集子。不要忘记前人的功绩，他们留下的文学遗产不能到我们这里就中断了，包括上海文学。

我们身处上海，我个人对上海文学的发展特别感兴趣。除了鲁迅，除了张爱玲——我一直在做张爱玲——那还有其他的呢。当时有一个年轻人，年龄只比张爱玲小两岁，笔名叫东方蝃蝀。这个名字很特别，后来他自己解释了，源自《诗经·国风》里"蝃蝀在东，莫之敢指"两句。这笔名都是有来历的。我们现在网上起的那些莫名其妙的名字，你的来历呢？你起网名可以，但要有点说服力呀，要让别人感到好玩。比如我的名字陈子善，我自己学问太差，都不知道这个"子善"是哪里来的，但记得父亲跟我说过，这个名字是他的老朋友黄先生上门祝贺他弄璋之喜时给我取的。几年前，杭州有位画家、书法家，天天看古诗词，学问很好，送了本画册给我。他说："你'子善'这个名字取自宋代黄庭坚的一首诗。"黄庭坚有一首题为《赠陈公益》的长诗，第一句就是"陈子善学问"，这个好吧？我听了也很开心。最近又有人告诉我，诸子百家里便有了"子善"，更不得了，对吧？傅老师知道不知道"子善"的出处？这个要有出典的，是不是？

　　回到东方蝃蛛，他原名李君维，是所谓的"张派"小说家，写大学生生活。他如果活到今天，写复旦大学学生的生活肯定很好。而且，他喜欢看美国电影，写了很多影评，现在拿出来一看，写得漂亮极了，不比今天的毛尖差。上海解放以后，他去了北京，在中国电影发行放映公司里工作，一直到去世。我给他编了两本书，长篇小说集和中短篇小说集。钱理群、吴福辉、温儒敏合作撰写的《中国现代文学三十年》也把他写进去了。谁写进去的？吴福辉把他写进去的。吴福辉先生因为从小在上海长大，有上海情结，所以他把东方蝃蛛写进去了。东方蝃蛛生前就知道了，他很开心。有人把你写到一部文学史里面，你当然会很高兴了。但是，我看了其他的现代文学史著作，好像都没有把他写进去。不过，有一点是肯定的，如果要写上海现代文学史，东方蝃蛛是不可能不写进去的。有的作家可能进不了大的中国现代文学史，但他可以被写进地方性的文学史，像上海文学史、浙江文学史、北京文学史。至少我们也做了一点贡献，让他进入了文学史，承认他的贡献。他一辈子写作，你应该承认他的贡献。而且像东方蝃蛛，他的作品确实写得很好，写都市青年男女的生活，很生动。现在写类似作品的，都应该学习，至少要了解一下前辈是怎么写的。

所以，我不但教书、读书——这个读书是广义的，不是仅仅读书本，读杂志、读报纸都是读书——而且编书，编了很多书，有的时候我自己一算都吓一跳，竟然编了那么多书。当然，其中也有不成功的。而这些都离不开买书。

傅杰：实际上你是在保存一段历史。

陈子善：我们现在网上买书，一般买新书。买旧书也有网站，像孔夫子旧书网。天天有好书，只要你有工夫去"海淘"。我比较"吃亏"，因为我不会上网，所以丧失了无数次买好书的机会，但也节约了不少钱。这个成正比的嘛，机会越多，钱可能就花得越多。我的心态还是很平和的，毕竟不可能所有好书都让你一个人得到，应该大家共享、分享。但是这么多年下来，在收书上我确实也得到了很多朋友的关照。接下来，我讲讲怎样去找到一些好书。所谓"好书"，当然又是因人而异，我认为一本很好的书，他人可能认为一文不值、不值一顾。

以前收书，这本书只要有名，只要跟广义的文学相关，我都收。后来就不断地缩小范围，因为不可能，一个人的能力和精力都有限。比如顾颉刚的《古史辨》，第一册上有长序《古史辨自序》，周作人把这篇序收在《中国新文学大系·散文一集》里。被周作人一收，这篇文章就变成文学作品了，而它本来是史学著作的一篇长序。一个偶然的机会，我见到了《古史辨》签名本，顾颉刚签名送给朋友的，那就毫不犹豫地拿下。作者既是著名历史学家，又是受到周作人肯定的散文家，这本还是他的签名本，各方面条件都具备了，太难得了。今天本来想把这本书找出来给大家看一下，免得大家说你口说无凭，可找了半天没找到。我后来查到，顾颉刚在日记中对这本书还有记载。顾颉刚这个人很认真，书送给谁，他都有名单记在日记里。这点我很佩服这些老一辈学人。我送书给别人往往会问"我这本书送过你吗"，我自己都忘了。

现在其他作者写的书，我基本放弃了，就缩小到文学家这个范围之内。老一辈学者的书，我现在也不收了。譬如，有人通知我说有一本陈寅恪的签名本，那我也不会去收了，一是买不起，二是不在我这个范围里。但傅老师可能有兴趣啊，对不对？

最早，我是无意当中收到签名本的，就是1978年、1979年我在北京参加《鲁迅全集》的注释定稿工作的时候。当时每周工作六天，星期天休息，我没有事情，除了走亲访友之外，其他的时间就跑旧书店。在北京比较热闹的灯市口中国书店门市部里面，看到有一批书，全是跟鲁迅研究有关的。当时见闻很有限，图书馆也有很多书不能借阅，我看这批书把20世纪40年代到50年代初的鲁迅研究资料收集得较全，就用了差不多一个月的工资，大概二十几块钱买下了。二十余本书，平均一本也就几毛钱、一元钱。买下来以后我才发现这批书是同一个主人的。这个主人的名字就叫赵燕声，这个名字有点像女性的名字，实际他是一位男士，在北京的。后来我才知道这个人很了不起，他是比较早做现代文学资料整理工作的。他当时和女作家苏雪林、法国神父善秉仁三人合作编了一部大的工具书《中国现代小说戏剧一千五百种》，其中作家介绍部分就是赵燕声写的。此外，他还编过现代文学研究书目之类的资料。唐弢在他的文章里曾经提到赵燕声，而且说他还向赵燕声借过书，这说明赵燕声的收藏很丰富。这批书是我收书以来跟我专业直接相关的第一批书，无意当中买下来的，其中就有鲁迅一个比较好的学生、后来成为台湾著名学者和书法家的台静农编的《关于鲁迅及其著作》，这本书是第一本研究鲁迅的论文集。后来，隔了很长时间，我才知道赵燕声这本书是光边本，实际上还有毛边本。所以，这次我在复旦大学出版社出版的《中国现代文学文献学十讲》毛边本里放了一张藏书票，藏书票图案用的就是赵燕声这本《中国现代小说戏剧一千五百种》的封面，作为对这位前辈的一个纪念。赵燕声这个人现在已经有人研究了，也已经有研究文章发表了，但还有很多问题没有弄清楚。我买的这批书都有赵燕声的签名，而且都写着"某年某月某日于北京东安市场"。当时东安市场有很多旧书店，他在东安市场买了不少书。这批书里面还夹了很多纸条，他要研究鲁迅嘛，非常有意思。

　　接下来要介绍我在上海买的第一本跟现代文学相关的书。傅老师先看。这本是《忆》，一本巴金回忆自己经历的回忆录。你们在灯光下可能看得不是很清楚，这本书的封面文字有两种颜色，书名"忆"是紫色的，"文学丛刊"和作者"巴金"是黑色的，很考究，这是巴金主编的"文学丛刊"第二集的一种。这本书如果就这样的话，也很普通嘛，当时我在上海旧书店淮海中路门市部买下来的，人民币七毛，零点七零元，很便宜吧？

听众：哪一年？

陈子善：20 世纪 80 年代初。

听众：七毛很贵了。

陈子善：贵啦？哦，不贵。这本是软精装哦，这个勒口很硬哦。大家看，上面有巴金的亲笔字啊，"赠彼岸先生"，钢笔字"赠彼岸先生"。这本书是 1936 年出版的。彼岸先生是什么人？我当时买了之后就托柯灵先生去向巴老询问，巴老承认曾经送书给彼岸。彼岸先生是个华侨，在广州。巴老很聪明，没有再往下说。实际上，彼岸是他的同志，是个无政府主义者，而且是巴老的前辈，年纪比巴金大很多。你们百度一下就可以查到，姓郑，叫郑彼岸，是位民

巴金题赠彼岸的散文集《忆》初版本

主人士，中华人民共和国成立后在广东省文史馆任职。这都是有来历的，来龙去脉都能够查出来。除了赠彼岸的题字，这本书本身也有来历。当时有一家书店——这家书店还和邵洵美有关——要出一套作家自传，请巴金写了一本。巴金交了稿，可书印出来是删减本，而且书价很贵。巴金很不高兴，就把版权收回，自己重新出了这本《忆》。它不叫自传，实际上是自传性质的。非常有意思。巴老的作品当年风行一时，但他早期的签名本很少见了。

20世纪30年代的签名本我再找一本，"汉园三诗人"之一李广田的。"汉园三诗人"是何其芳、卞之琳、李广田。其中李广田不仅是诗人，还是散文家，1949年以后做了教育官，做过云南大学校长，在"十年浩劫"中被迫害致死。李广田的第一本散文集是《画廊集》——这个书名多好！我手里的这本也是签名本，前环衬题签"嗣群兄指正，李广田敬赠，廿五年九月于济南"。这字是钢笔写的，已经褪色了。李广田是山东人，"嗣群兄"当时在上海，就是康嗣群。康嗣群父亲是开银行的，家

李广田题赠康嗣群的散文集《画廊集》初版本

里很有钱，但是他自己喜欢文学，在北大念书的时候就拜访过周作人，后来到了上海，跟施蛰存合作编过一本很有名的文学杂志《文饭小品》，1949 年以后在上海出版界工作。有人专门研究康嗣群。这是送给康嗣群的书，商务印书馆出版的精装本。

　　我考虑到傅老师是研究钱锺书的，今天必须带两本跟钱锺书有关的书来。而且今年（2020 年）是钱锺书先生诞辰一百一十周年，这两本书都跟钱锺书有关。有关在哪里呢？都是别人送给钱锺书的书，钱锺书又都送掉了。这两本加上另外一本钱锺书送给唐弢的书，我在《签名本丛考》里面已经写了，我现在一共收藏了三本跟钱锺书有关的书，都是曾经钱锺书拥有过后来又不要了的书。这些送书的人都是他的朋友，但钱锺书眼界太高了，这些朋友的书放着干什么，

柯灵题赠钱锺书杨绛夫妇的剧本《夜店》初版本

就都送掉了。人家朋友送给他的，他是不是看过或翻过都是问题了。

第一本是柯灵和师陀两个现代名作家改编自高尔基《底层》的剧本《夜店》。改编，就是把里面人物的名字都改成中国的名字，剧情也做了适当的调整。这本书是送给钱锺书和杨绛的。扉页题签"锺书、季康兄赐正"——也是钢笔写的——"柯灵敬赠"，很客气的。这本书的流传过程是这样的：钱锺书不要了，捐给了合众图书馆。合众图书馆并入上海图书馆后，这本书成为上海图书馆的藏书。上海图书馆又把它当作"复本"处理掉了。最后能到我手里，肯定不是我偷出来的，我花钱买下来的！这个很有趣，你们看，合众图书馆的两个借书卡袋子都有。合众图书馆很有名，它的图书馆大楼现在还在。当然，钱锺书和合众图书馆是有关系的。这是一本。

第二本就更难得了。赫赫有名的《手掌集》，20世纪40年代王辛笛先生的新诗代表作。王辛笛也是我们上海的，这本书是他的代表作，而且是毛边本，送给钱锺书的。前环衬钢笔题签"默存 杨绛两兄存正，辛笛，一九四八年一月"。这本书就是当月出版的，1948年1月出版的。施蛰存先生有过一个回忆，这本书出版以后，王辛笛请几位好朋友吃饭。因为高兴嘛，王辛笛第一次在上海出书。王辛笛1936年在北京已经出过一本书，但是那本书非正式发行，即他和弟弟王辛谷两人的合集《珠贝集》，也是诗集。王辛笛请了钱锺书、施蛰存，还有其他几位一起到家里吃饭。王辛笛经济条件比较好，他丈人徐森玉是大收藏家、文物鉴赏家，他至少钱比钱锺书多。吃完饭，王辛笛就把《手掌集》分送给各位，送给钱锺书的应该就是这本吧。这本书的封面图案是一个手掌和一朵花，是一幅版画。当时上海正好出版了萧乾编的《英国版画集》，里面收了这幅画，王辛笛很喜欢，而且自己的书里有首题为《手掌》的诗，所以书名就叫《手掌集》，并用这幅画做了封面。吃完饭出来，钱锺书就指着这本书在马路上对施蛰存他们调侃说，王辛笛钱那么多，这手松开一点就可以请他们吃好一点。钱锺书就是这样一个很好玩的人。这本《手掌集》很难得，当时印了西报纸本一千册、道林纸本五十册，送给钱锺书的应该是五十册之一。这里还有一个普通的版本，也就是一千册的西报纸本。大家可以比较一下，开本大小不一样，封面的颜色也不一样。你只有观看实物才能够比较出来。香港有一位女读者，很喜欢《手掌集》，因为当时买不到这本书，就借来恭恭敬敬手抄了一遍，后来她把手抄本赠给了辛笛先生。辛笛先生后来又把这个抄本捐赠给了上海图书馆。这就是一个读者手抄喜欢的作者的书。我也抄过一本诗集，可惜想送给作者或译者都没机会了——我抄过普希金的《欧根·奥涅金》，整本书抄了一遍，然而，不但作者普希金，译者查良铮（穆旦）都早就去世了。这个手抄本还在我一位老同学手里。我说："你拿来给我看一下吧。"他答应有机会找出来。

　　我们讲了男作家，还要讲女作家，男女要平等。施济美是20世纪40年代上海很有名的一位女作家，这本书是她的代表作《凤仪园》。封面书名是压凹的，书脊上的书名"凤仪园"三个字涂银，不是涂金。这本书封面已经有点破旧，但是打开来看，里面依然很漂亮。扉页毛笔题签"沈寂先生指正　施济美　一九四七·五"。这本书是非卖品，作者自己特别加印了精装本送人的，有印数，没定价。印数是初版两千册，定价空白。施济美我不认识，但是这本书的受赠人沈寂，我是见过面、通过电话的，他是20世纪40年代上海较有名的作家，2016年才去世。他当时在上海编一本名叫《幸福》的杂志，还编过其他文学杂志，施济美是他的作者。施济美后来有部长篇小说《莫愁巷》很有名。南京有个莫愁湖，它叫《莫愁巷》。《莫愁巷》在上海还没有连载完，沈寂就去了香港，他把施济美的手稿带到香港，最后在香港出版，20世纪50年代还在香港拍成电影，影响蛮大的。后来因为香港当局认为沈寂是左派，他被驱逐，又回到上海。沈寂老先生一直以为这本书没能在香港出版，以为完整的《莫愁巷》已找不到了。后来，我在香港的一个旧书店里找到一本书，打开一看里面就是《莫愁巷》的内容，但书名改了。我发现这是一本盗版书。之前连载的内容我已经看过，我知道它的内容就是《莫愁巷》的。这本书是完整的，所以我判断这本书是出版过的，没有正版，哪来盗版呢？但正版在哪里呢？香港的图书馆里都找不到。一直到前几年，沈寂先生已经去世了，我在香港的一次拍卖会上发现了这本书，便把它买了下来，并不是很贵，因为人家不知道。可惜的是，沈老先生去世了，他临终都认为这本书没能出版。他把书带到香港，交给别人出版，结果还没来得及出版，他就被驱逐，所以他以为没出版。这本书有这些相关的令人感慨的故事，我比较看重这些可以说一说的相关的故事。

再说最后一本。我既然来复旦这边，总要带一本和复旦有关的书，傅老师也当过复旦的教授，否则说了半天却和复旦没有关系。你们看，这本书印得漂亮吧，布面精装，书名烫金的《靳以散文小说集》。现在出的书也未必能够达到这种装帧。这本书的书品还非常好。《靳以散文小说集》是1953年出版的。这本也是靳以送人的，前环衬钢笔题签"朱雯 罗洪同志存，靳以，一九五三，十一月十九日"。朱雯、罗洪是夫妻，我今天拿来的很多书都是送夫妻的，像钱锺书、杨绛。朱雯、罗洪这两位我认识，我现在收书还有一个原则，那就是书的主人或书的作者我认识，或者见过面，或者通过信，或者与我相关，对我个人来讲有点纪念意义。朱雯是我的前辈，在上海师大的时候我与他同事过。他是著名的翻译家，翻译过苏联作家阿·托尔斯泰的《苦难的历程》《彼得大帝》等作品。还有雷马克的很多作品也是朱雯翻译的。罗洪是女作家，写过很多小说、散文，活了一百多岁，2017年才去世。这本书的作者靳以为什么和复旦有关？20世纪40年代末他在复旦大学教书，是复旦大学的教授。后来，大家应该知道了，他与巴金合作创办了《收获》，一起主编《收获》，一直到1959年去世。《收获》的具体工作都是靳以做的。当然，靳以这本书带有时代的烙印，但是这本书还是很有意思的。那么精美的精装书，多好。我要感谢一位朋友。他在网上买了这本书，被我知道了，我说："我很喜欢这本书，你能不能让给我？"他说："既然你喜欢，那就送给你。"他坚决不肯卖。如果我要，就只能送给我。我接受了他的盛情。

收书，就是要跟这些故事相关才好玩嘛。实际上你是在保存一段历史，别人可能不一定注意，不一定去追究这一段历史或这一段关系。比如，朱雯、罗洪先生我都认识，那就留一点念想。不管怎么样，书比人长寿。我将来离开人世，这些书还可以流传下去，还可以让后人知道有过这么一段历史，作为作家之间友情的见证。这是读书衍生出来的。不读书我们就不会去追求这些东西，可能熟视无睹。因为读书了，因为了解了这些作家之间的关系，你就会去收集这些书。我已经写了《签名本丛考》，我准备写第二本，还有很多这样的动人故事。

把这些作家和与他们创作相关的非常生动有趣的故事跟大家分享，这点很重要，能让文学史鲜活起来、丰富起来。文学史不是像某些教科书所讲述的那么呆板，条条框框那么多，它是非常生动、非常有趣的。有些是你意想不到的，按照我们一般的思路是想象不到这些作家怎么会发生这些关联的。

我再举一个例子，严格地讲跟"书"稍微有点距离。前两天有人给我看了一张电影说明书。哪部电影呢？张爱玲编剧的在上海拍的第二部电影《太太万岁》。那是张《太太万岁》的"说明书"。这不稀奇，当时电影上映都有说明书的。现在应该都还有吧？

听众：没有了。

陈子善：没有了吗？那今不如昔啊。说明书怎么可以没有呢？很奇怪，对不对？

听众：音乐会有。

陈子善：哎，音乐会有，电影却没有。那是另外一个话题了，我不讨论了。那是一张很薄的 32 开的红色的纸张。你想象一下，32 开的，就像这封面一样大小的一张。很奇怪，又是红色的。上面写着"人民影戏院"几个字。我当时看到，第一反应是《太太万岁》当年上映的时候，上海没有人民影戏院。那时候还是国民党统治时期，哪有人民影戏院？再翻到反面，整页都是电影的剧情介绍。一看吓一跳，第一句话就是"这是发生在旧社会的故事"。1947年上映的电影，怎么就"旧社会"了？那时候没有"旧社会"一说呀。根据这两点可以判断，这张说明书是1949年以后放映《太太万岁》的说明书，不是1947年《太太万岁》上映时候的说明书。那到底是什么时候放的呢？我查了半天，发现当时上海没有人民影戏院。我还请教了研究电影史的专家。我问他当时上海有没有人民影戏院，他说只有人民大舞台，没有人民影戏院。不能差一个字，对不对？后来我去南京询问，还是没有。很奇怪，非常奇怪。我认为这个影戏院是肯定存在过的，但在什么时候呢？好在这张说明书正面还有一段话，提供了一个重要线索："下一轮放映电影《攻克柏林》。"那就要查20世纪40年代末50年代初有没有放过《攻克柏林》，什么时候放的。一查，果然有，1950年为了庆祝十月革命三十三周年，11月10日开始在全国十四个城市隆重上映《攻克柏林》。那么我们倒过来推算，《太太万岁》是在《攻克柏林》前一轮放映的，应该是在1950年的10月下旬或者11月上旬放映的。这样，放映时间可以大致确定。那么放映地点呢？十四个城市，上海、南京都被否定了，还剩下十二个城市待查，什么时候能查出来也不知道。但是至少我们得到一个信息，就是1949年以后内地还放映过张爱玲编剧、桑弧导演的《太太万岁》。以前我们不知道，我们一直以为1949年以后这部电影没有放映过。

有的时候一个很普通的材料，往往会让你有一些意外的收获。讲到这里，我想大致可以对我的读书经历做一个小结：因为要教好书，所以不能不读书；因为要多读些书，就不能不买书；买书，买着买着就觉得自己还可以编书，最后自己还能够写书。就是这么一个过程。实际上每一个环节我都不能说做得很好，勉强过得去而已。在有生之年，我还将继续在这个范围里面打转，转到哪一天，我自己也不知道。反正尽自己的能力多编一些、多写一些，将自己看着觉得还可以的书跟大家分享。就讲到这里。

答听众问

傅杰：今天来现场的朋友可以直接跟陈老师交流。也许在座的以前和他交流过，可能在他的微博之下评论过——他在微博有一百万以上的粉丝。今天这个面对面交流的机会很难得，大家有什么问题可以随时提。

听众一：其实我没上过您的课，但我从开始看张爱玲，便一直关注您的讲座。前些年专程搭乘火车去听了您在南京的关于张爱玲的讲座。我现在也在教书，今天带了不少学生来，让他们抓住机会向您请教一些关于张爱玲的问题。您的书我基本上在不同场合都签过了，但是前两天搬家一看……

傅杰：你找我签书半分钟就够了，你找他签所有的书，他今天不能回去了。

听众一：是。我突然发现了《迪昔辰光格上海》，我不大会讲上海话。

陈子善：《迪昔辰光格上海》，"迪昔辰光"这样的写法不是我的发明，木心就这样写的。

听众一：这还是朱赢椿在作为一颗新星冉冉升起的时候做的。

陈子善：他那时候名气还没那么大，现在不得了。

听众一：那时候还做得很认真，不仅仅为了艺术形式。然后我知道您收藏了张爱玲的《传奇》，我以为您今天会把张爱玲的《传奇》带过来。

陈子善：主要找起来不方便。

听众一：舍不得吧？

陈子善：我带来这些书也很舍不得的。第一个，确实找起来不方便，放在另外一个地方。第二个呢，有一个普遍的问题，现在很严峻，就是这些书很容易坏，翻多了以后会脱线，就要小心翼翼。

听众一：我最近看到网上有上海书店 1985 年出的影印版张爱玲《传奇》，这个本子收藏价值几何？

陈子善：这个本子的收藏价值，你如果没有，当然可以收藏。

听众一：没有，没有。一个是现在卖得很贵……

陈子善：这个书都卖得很贵了吗?

听众一：贵的得千把块吧。

傅杰：就这个影印本啊?

听众一：对,影印本。便宜的也得两三百。

陈子善：它有没有品相描述?

听众一：有的,是十品,十成品相。

陈子善：这个我就很难帮你判断,要千把块的话,是贵了。

听众一：我的朋友说你就一百块拿去吧。

陈子善：一百块可以。

听众一：好,谢谢陈老师。我跟同学们说签名本很重要,今天两位老师在,一定要请老师签字。对我来说,两位老师的签名本,肯定在我在的时候不会流出的……

陈子善：不不不,结论千万不要下得过早。流出去也没关系嘛,再循环嘛。

傅杰：我去年在志达书店做过一个讲座,介绍我主编的《近代学术集林》,那套书影印了很多民国时期的手稿和出版物。当时我就说过,民国的书比以前的线装书更不容易保存,因为那个纸很脆。

陈子善：民国用的都是酸性纸。不过现在西方已经有纸张脱酸技术可以让书继续保存下去，但是我们现在条件还不具备。有一个装置，把书放到这个装置里做一些处理，把这个酸性脱掉，就能保存了。

听众一：陈老师，我记得您收藏的《传奇》是蓝色封面的吧，还是您还有其他版本？

陈子善：张爱玲的《传奇》在 1949 年以前有三个不同的版本：初版、再版本和增订本。每一版本的封面都不一样。这就好比张爱玲自己喜欢换装一样。你讲的上海书店的影印本是第三个本子，增订本。一般研究张爱玲的《传奇》都是围绕这个增订本。

听众二：陈老师，您好！想请教您一个问题，这个问题我也曾请教过历史系的老师，就是想通过张爱玲了解一下，1949 年以后，沪港之间，或者说广州到香港之间，什么时候开始人员隔绝的？好像 1949 年以后还有资本家"逃"到香港去的。

陈子善："逃"这个词用在这里不合适吧？当然，确实有一部分是"逃"的，"逃"的就是怕政府找他嘛。但是有的就是觉得待在这里不合适，就去香港了。这个需要查。张爱玲 1952 年还是能够去的，她是 1952 年 7 月过去的。

听众二：从上海还是从广州过去的？

陈子善：从上海到广州，再到深圳，从深圳罗湖出境到香港。

这个她自己写得很清楚，过罗湖，我们今天去香港仍然是这条路。但是大概1953年、1954年以后就去不了了，除非你有充分的理由。我有一个小学同学，他的父母亲在香港，他跟他祖母一起生活。20世纪60年代"三年困难时期"，他父母亲觉得孩子留在内地吃不饱会影响发育，就写信给他祖母，要接他去香港。他那时候就以探亲为理由去了香港。我印象很深，我当时集邮，就把我所有的邮票送给他，作为一个临别的礼物。我跟他是最好的朋友，好朋友要远行了，我人虽然小，但也知道他去了香港不知道哪一天才能回来。从此以后，我就不集邮了。20世纪80年代他回来了，来找我，我说："你怎么回来了呢？"因为他父亲在香港其实生活也很普通，就是自己开个小铺子修钟表。他在那里找不到女朋友，语言又不通，就回了上海。我说："还是社会主义好，对不对？"所以20世纪60年代还是可以去的，但是你要有充分的理由。当年张爱玲出去也是有充分的理由的，因为去香港大学复学呀。要有正当、合法的理由。

傅杰：张爱玲就是20世纪50年代初过去的吧。

陈子善：张爱玲是20世纪50年代初过去的。

听众三：陈老师，您好！我读了您的《说不尽的张爱玲》，其中有一篇是关于《十八春》与《半生缘》的，可以请您讲一下为什么张爱玲会把《十八春》改编成《半生缘》吗？

陈子善：如果简单地说，张爱玲为什么要出《半生缘》？因为她要把这本书拿到台湾去重印。在大陆的历史语境下，《十八春》

是不需要修改的，因为《十八春》的结尾写到了 1949 年以后，写到了"新社会"，几个人物都参加了祖国大陆的建设。但要拿到台湾出版，显然是不合适的，就要把尾巴改掉。当然，不能单单把尾巴改掉，必须对后面的部分做适当的调整，才能天衣无缝。所以，她必须修改，否则这本书没办法在台湾出版。你明白我的意思了吗？是在那个历史语境下。今天《十八春》如再在台湾出版，应该没有问题了。

听众三：仅仅是因为政治因素吗？

陈子善：政治因素是主要的。不是她自己的政治因素，是客观的政治因素造成的。当然，她自己可能对这个小说的尾巴也不是非常满意，所以要修改。那个时候，张爱玲的书在台湾出版被改动，这不是第一次。不少作品都被改动过。她另外一个短篇《等》有个细节就被改掉了。小说里写到沦陷区上海的一个场景，很多女病人去医院看牙医，为打发无聊的排队时间，她们便开始互相抱怨，说重庆很糟糕，通过一个法律允许已婚男性在重庆再娶一房太太。当时因为长期战争，男人去了重庆，妻子留在上海，导致长期分居。为了让在重庆的男士安心工作，当时的蒋介石政府就通过了这样一个法律。那么这些在上海的太太就很气愤，开始指责蒋介石政府、骂蒋介石。这篇小说在台湾出版的时候就把骂蒋这一部分删掉了。所以这是不稀奇的。《十八春》不也写到了 1949 年以后吗？对于张爱玲来说，与其让他们胡乱删改，还不如自己修改，改得好一些。有这个原因。

听众三：可是胡兰成说张爱玲是个人主义者，您怎么看？

陈子善：个人主义者很多，你能指望她是集体主义者吗？

听众三：但是关于张爱玲的分析里，其他人评价张爱玲都不是这样写的。

陈子善：胡兰成这样评价张爱玲是他的看法，你需要自己思考一下他讲得有没有道理。我也不主张你就相信胡兰成讲的。当然，胡兰成有句话是对的，我也认同，"鲁迅之后有张爱玲"，这个是对的。

听众四：陈老师好，他们都问张爱玲，我想问一下另外一个人。您以前花了很多功夫研究和编集民国时期已经成名的人的作品，比如周作人、张爱玲、陈梦家。我想请问是什么缘由或机缘，近些年您把主要的研究精力放到了黄裳身上。

陈子善：黄裳在民国时期也出名的呀！

听众四：我知道像黄裳会讲他是一个古籍收藏家、散文家，但印象里他的作品主要是改革开放之后出版的。我想了解一下黄裳身上有什么吸引了您？我看在座的都关心张爱玲，关心黄裳的很少。

陈子善：在我看来，20 世纪 40 年代以后的散文家当中，黄裳是很出色的，而更难得的是他对中国古籍版本很有研究。你有没有注意到一个现象，现代作家当中对传统文化，尤其对古籍版本很有研究的人不多了，很少。郑振铎算一个，阿英算一个，大概不会超过十个人，就三五个人对古籍比较有研究。黄裳的散文是一流的，写得非常好。我不知道你的感受和体会怎样，我觉得他的文字读起来很舒服。

听众四：您主要是因为他散文好，还是因为他是个很著名的古籍收藏家？

陈子善：这是两位一体，是结合在一起的。黄裳把很多关于古籍的文章和散文编在一起，你不能截然分开的。这是一个原因。第二呢，我不排除我跟黄裳有很多交往，他对我有很多帮助。那么现在他去世了，需要编辑相当于全集规模的《黄裳集》，我作为后辈尽点力，这是应该的吧。他是个很好的散文家，文学史上应该有他的地位。而且这个散文家还是书话家、版本学家，这样的人很难得。他不像其他作家一样写小说、写诗，他都不写，但他的旧体诗写得很好，最近有人将他的旧体诗雕版出版。这样的人属于一流的散文家之列，当然应该研究。

讲到黄裳，我还发掘过他的一个剧本《南国梦》，早年跟黄宗江合作写的。这个剧本也是跟刚刚去世的女演员黄宗英相关的。可惜的是，剧本被我发掘的时候黄宗英年纪很大了，已经讲不清楚这个事情了。这是黄裳专门为黄宗英写的。钱锺书那副对联怎么写的？我一下子背不出来。

听众四：遍求善本痴婆子，难得佳人甜姐儿。

陈子善：对。这个剧本是黄裳跟黄宗江合作，用"黄容"这个名字发表的，因为黄裳原名容鼎昌。

听众四：那您觉得黄裳对黄宗英是有那个意思吗？

陈子善：当然有那个意思了。他也不否认那个意思啊。

听众四：但我的朋友写文章辩驳，说没有这回事，这是牵强附会，"黄裳"不是"黄宗英的衣裳"的意思。

陈子善：对！这个要分清楚，"黄裳"跟"黄宗英的衣裳"是两个不同的概念。黄裳喜欢黄宗英，绝对没错，是不是变成"黄宗英的衣裳"，这可以有另解。你明白我的意思吗？

听众四：我明白，但当时有很多传说……

陈子善：但是黄裳在文章里写清楚了，他编这个剧本，是为演员定做的。你要研究的话，当时就是黄宗英啊，他跟黄宗英关系那么好。而且他讲他去重庆的时候把这个剧本留在了上海，没带走。谁把它在《杂志》上发表出来的？就是黄宗英啊，因为黄宗英自己就在《杂志》上发表文章。这是非常有趣的，我觉得不奇怪。

至于我为什么参与编黄裳的文集，就黄裳的文坛地位而言，当然是值得编的。

听众四：这个文集您预计什么时候会出版？

陈子善：在不远的将来。它不叫全集，叫《黄裳集》。根据以往的经验，"全集"总是不全的，干脆就叫《黄裳集》。

听众四：能找到的都收进去了。

陈子善：对，两个"能"哦，不能只有一个"能"哦，能找到的、能收进去的都收进去。

听众四：能找到的、不能收进去的还有吗?

陈子善：不排除这种可能性。因为出版有纪律，我想要收进去，但出版社认为不合适，那就不能收。所以，能找到的、能收进去的，都应该收进去。但这个重点在"将来"，不在"不远的"，在"将来"。我估计大概三五年吧，进度比较慢。不过我们要有信心，你年纪轻，总看得到的。我都有信心，你更应该有信心。

傅杰：好像我的老同事，我们复旦大学中文系的现代文学专家杨新宇教授也坐在后面，杨老师讲一讲。

杨新宇：陈老师好。

陈子善：让你浪费一个晚上的时间，本来可以写一篇文章的。

杨新宇：过来听一听。陈老师，那我问问，您刚才提到作者家属，您在研究过程当中有没有遇到过要开展某项工作却遭到家属反对的情况?

陈子善：我前面已讲到邵洵美，但是要这样说，邵洵美的大女儿是认可的，她没有反对我这样做，但她的妹妹曾经表示过不理解，觉得你为什么要这样写我的父亲。我说，我没有恶意，丝毫没有要贬低邵先生的意思，我只不过是如实地编书。因为邵先生这些作品早已经白纸黑字发表了。我与作者家属打过不少交道，有各种各样的家属，但只要你以诚相待，他们大部分是支持和理解的。我们没有任何不可告人的目的，我们是为了研究、为了学术。我们把你们父辈的作品编出来，你们也可以拿稿费，有什么不好的？又不涉及隐私。

当然，有的时候各自看问题的角度不一样，可能会产生分歧。我不知道你有没有碰到类似的难以处理的情况。

杨新宇： 对，有一些。

陈子善： 这里可能涉及更大的问题，我在这里提供一己之见：我们的版权法可能要进一步完善。为什么这样说呢？家属子女应该享有版权，在作者去世五十年内可以获得应有的报酬，但是作品能不能发表或者再发表，不应该由家属来决定。现在是家属决定的，让发表就发表，不让发表就不能发表，哪怕是研究者发现的作品都不能发表。这是一个很大的问题。我觉得家属应该只有拿钱的份儿，不应该决定作品是不是能发表。人无完人嘛，哪怕作者这篇文章很差，这篇文章在骂人，都可以给大家看嘛，这有什么关系。版权法就过分强调了家属这一方的利益，而没有强调更广泛更长远的读者的利益。你把整理权也归家属。整理是要有研究者参与的，没有研究者参与，家属们难免会为逝者讳、为长者讳、为尊者讳，中国的传统就是这样，"三讳"嘛。那你怎么办？你不能要求他大公无私啊。就要有机制来保障，但现在没有这个机制。

包括我跟张爱玲，我发掘她的《小艾》的时候，她很不高兴，她的朋友也很不高兴。当然，稿费怎么处理，跟我没有什么关系，我没有多拿一分钱。我不知道那些法律专家是怎么考虑的，不能只顾家属的利益，需要建立保障机制来更妥善地解决这些问题，否则不利于学术。

听众：国外怎么解决的？

陈子善：国外版权时间更长，有的七十年，好像家属权利也蛮大的。但是国外这样解决不一定对啊，我们是社会主义国家啊，要更大公无私嘛，要从最广大的人民群众的利益出发。

对了，杨老师在，我觉得今天应该推荐一本书。喜欢诗歌的朋友应该注意了，杨老师刚刚编了一本诗集，叫《你没读过的诗》，这本书值得一看。这些诗是杨老师花了很大工夫发掘出来的。

傅杰：杨老师是现代文学专家，也发掘了很多现代文学作品，对诗歌有很好的研究。

陈子善：傅老师做过中文系领导，了如指掌。杨老师编这部诗集花了很大的功夫，充分利用了互联网无穷的威力，把很多诗都找了出来。我们不能迷信那些大诗人，有的大诗人其实写得很差，没有"诗味"。他这本书里那些诗，很多诗人的名字都很陌生，名头不大，但是诗本身很有特色。这就让我们知道，当新文学起来的时候，有很多人在尝试创作新诗。那些诗人当年写诗，就像现在写网络小说一样，什么人都能写，但写得好的没几个。但是《你没读过的诗》这本书里，无名的、名气不大的作者写得都非常好。建议喜欢诗的朋友可以去找来看一下，肯定有意外的惊喜。

傅杰：一晃已经到了九点，子善老师从他的工作生涯开始讲述，讲了他教书、读书、买书、访书、编书、写书的经历。时间很短，但是通过他的片段介绍，我们可以看到他大半辈子都在做一个勤勤恳恳、兢兢业业、辛辛苦苦，但又快快乐乐的读书人、教书人和编书人。我想，这是值得包括我在内的所有朋友羡慕和学习的一种精神状态。

陈子善：不好意思，我再补充一下。他一讲我想起来了。傅杰先生的老师王元化先生我是尊为师长的。有一点要讲，王先生是不喜欢张爱玲的，对张爱玲是有所批评的。我研究张爱玲以后，发现了这个问题。本来没有关系，王先生确实对我很好，但有一件事情，我至今找不到答案。是什么事情呢？王先生知道我喜欢书，他写京剧改革的一篇长文，印了一册线装本。那次我跟王先生一起吃饭讲起来，我说："这本书好。"王先生说："好，你什么时候来取？"我很开心。不料正好是清明时节雨纷纷，我没有及时去取。王先生还给我打电话问："你怎么不来取了？"我说："等天气好了，我来取。"过了一段时间，我给王先生打电话，问什么时候可以去看他、去取书。"书我已经交给一个人，让他带给你了，你没收到吗？"我马上去问那个人，他却说："怎么回事？王先生根本没有给我过，我冤枉。"我说："你不要吃没。"他说："不会呀，王先生一定写了你的名字。"我也觉得他肯定不可能，所以至今这本书都没有下文。但是王先生肯定交给了某个人，某个人就吃没了。

这是一件非常遗憾的事情。当然这都怪我自己，没有及时去取，否则什么事都没有。所以第二次，王先生线装的《清园文稿类编》出版以后，又一次吃饭，王先生提到这部书出版了，也表示要送我。我说："今天晚上我送你回去。""那么晚了。"我说"没关系，我送你"——他那时候住在衡山宾馆——要到手我才放心。我主要要讲什么呢？就是因为王先生不喜欢张爱玲，后来我就不敢经常去王先生那里请益，怕老人家不高兴。万一聊天谈起，老人家不高兴、不舒服了，我责任重大。后来，就说到黄裳先生了。我为黄先生开研讨会，我就问他说："邀请哪些人，你开个名单给我，我去邀请。"他名单上第一位就是王元化先生。那我就有理由去找王先生了。王先生说："会我就不去了，我写一幅字。"王先生从陆机《文赋》里抄了一段话，对黄裳先生评价很高。然后，我去拿字的时候，王先生就跟我说："你要顺便帮我做件事情，找一篇文章。"他发表在《时代日报》上面的一篇文章，让我找。我说："这个方便。"后来我找到了就送过去。《时代日报》上在王先生文章的前后另有一篇文章，也是骂张爱玲的。我就问王先生："这篇文章的笔名非常陌生，不知道是谁？"王先生就笑了："你这个也不知道？"他的意思就很明白：你不是搞史料的吗？这个都不知道？"这个人就是满涛。"王先生的连襟满涛先生。我当时很开心，如果王先生不讲，我确实不知道，也没人关注过这个问题。王先生知道我是研究张爱玲的，但是他还是指点我了。我后来还专门写了文章。

听众： 那幅字现在在谁手上？

陈子善： 在黄裳先生家里。

听众： 不是在您那，是吗？

陈子善： 没有没有，这个要讲清楚。因为这幅字王元化先生写得很清楚的："庆祝黄裳先生米寿，并祝黄裳散文与中国文化研讨会召开。"我只是拿回来，展示以后印到《爱黄裳》这本书里去了。之后我去黄裳先生家里，黄先生马上说："那幅字呢？"我说："哎哟，我忘记了，下次带给你。"后来就给了黄先生。黄裳先生很注意的，这幅字他很看重。

傅杰： 黄裳先生是著名收藏家，绝不会让这样一幅字被他拿走的——你们对黄裳先生了解太少了。认识子善老师快三十年了，我特别佩服子善老师，他几十年一直都能保持这样一种孜孜不倦的搜书、读书、写书的状态。刚才他提到我们编的"海豚书馆"，做了几个系列，设计了同一个封面，但不同的系列用不同的颜色，就像商务印书馆的"汉译世界学术名著丛书"。

"海豚书馆"分了几个系列，陆谷孙先生负责译著，董桥先生负责在世的海外作家，孙甘露先生负责在世的海内作家，子善先生负责过世的海内作家，葛兆光先生负责在世的海内外学者，我负责已经故去的海内外学者。不同系列不同的颜色。我主编的那个绿色系列出得最少，目前"海豚书馆"一共出了不到一百本吧，那绿的只出了十本左右，而子善老师主编的红色系列出了三四十本。

这个跟研究基础有关，所以我是非常惭愧的。我是教《论语》的，他这样的状态就像孔子的那句名言说的："知之者不如好之者，好之者不如乐之者。"我想，我们从事任何一个职业，在事先投入的基础上有兴趣点了，慢慢要把它变成你的爱好，最终要把它变成你的快乐。这种快乐就完全达到了鲁迅先生所说的那种境界——读书如赌博。就像今天爱打麻将的人，天天打、夜夜打、连续地打，有时候被公安局捉去了，放出来还继续打。打麻将的妙处在于一张一张的牌摸起来永远变化无穷，而读书也一样，每一页都有深厚的趣味。

子善老师的那么多书，都是一本本、一个星期天一个星期天从各个书店收集起来的。当时陆灏、张明扬、黄晓峰、郑诗亮他们办《上海书评》，在《东方早报》还有纸质版的时候做了个"海上书房"的专题，第一个刊登就是子善老师的，第二个是周振鹤老师的，第三个是我的。子善老师的书几次搬家都放不下。我的书远不如子善老师多，也没有什么珍本，但是我完全相信他，他的珍本已经多到一下子找不出来的地步了。

陈子善：我主要是"偷"来的。

傅杰：子善老师一本一本地出书，从早期的郁达夫、徐志摩研究，到《拾遗小笺》《签名本丛考》，一直到今年的《中国现代文学文献学十讲》。就像他刚才讲的，他会有读唐弢先生《晦庵书话》的乐趣和快乐，又可以从中得到很多学术上的滋养。

陈子善：我再补充一句，也有遗憾。最大的遗憾就是，20世纪90年代后期上海的一个拍卖，拍卖什么呢？一本林语堂1929年到1930年的日记，记在商务印书馆出的一本日记本上的。我倒不是遗憾没有买下来，因为我们工薪阶层，没办法和经商者竞争。那次买下这本日记的是一位房地产商人，一位收藏家，但是他主要收藏明清字画。我就问他为什么突然对林语堂感兴趣，他的回答出乎我意料，也非常有趣。他说："不是我感兴趣，是我的儿子喜欢林语堂，喜欢读林语堂的小说。他生日到了，我买这本日记，送给他作为生日礼物。"有钱人就可以任性。当时拍卖对外宣布的落槌价是三十万，那是二十多年前，20世纪90年代后期。当时上海电视台还做了专题访问，我也参加了。我感到后悔的是，有一次出国上飞机前我接到他的电话，他提议和我商量如何利用这本日记，或者想办法让它出版。我当时回复他，我马上要出国，等我回来我们再商量。结果等出国回来，事情一多，我就忘了。等再过了一段时间，我就得知他已经转手把日记送到北京拍卖掉了。现在这本日记在谁手里，我已不知道了。

这本日记非常重要，非常有意思，我在几个不同的场合都讲过。当然这个日记的整理有一定难度，字迹比较潦草。因为日记都是写给自己看的，也没想过身后会发表。而且林语堂的日记有中文、英文、德文三种文字，有钢笔、圆珠笔、铅笔三种字迹，很凌乱，整理是有一定难度的。所以这本日记什么时候能够公开，什么时候能够让大家来利用，还是个未知数。这是很遗憾的。当然，当时即使要整理出来，出版也有难度，因为林语堂的文字那个时候有版权，版权也不是很容易解决。如果家属说"这个日记我们要看一下"，发表就不会那么顺利了。作家的日记实际上非常重要，对研究一个作家来说必不可少。

听众：当时您出了多少？

陈子善：我只举了两下就举不下去了。没超过十万。这个没办法。如果当时我有现在的条件，那可能就有机会。但是你也要想，你举到三十万，人家的报价还会上去，这对他们来讲不是问题。我知道第二次在北京拍卖是八十万落槌，这个价格在今天来看还是低了，因为林语堂 1943 年的日记也已经被发现了，在香港拍得很贵，过百万了。

那本日记的信息量很大，尤其涉及林语堂跟鲁迅的关系，他怎么跟鲁迅闹翻的，有非常重要的内容。有一点我是可以肯定的——因为那本日记我从头到尾翻过——林语堂是工作狂，他写得很清楚，"今天工作八小时""今天工作十小时"……非常厉害，林语堂是非常勤奋的。这个"八小时"不是随便写的。当然，他也很会享受生活，是一个非常真实的人，日记中今天晚上去跳舞场跳舞，今天晚上跟几个人搓麻将，都有。该享受生活的时候就享受生活。

刚才讲到读书，这只不过举个例子，还有很多遗憾的事情。刚刚傅老师讲去文庙买书，后来我就去得很少了，因为路远。之后想想还是很遗憾，应该坚持去。人生有很多遗憾，只不过希望在以后的日子里能减少一点遗憾。

傅杰：你也不能把所有的好书都买完了，你的遗憾就是青年人的机会。无论是买书还是做课题，得留一点儿给青年人继续做。陈老师工作勤奋，大家都是可以体会到的。但是他跟林语堂一样，也很会生活，爱看电影，还是资深乐迷。我总在想，能读书的人真幸福；乐迷能扩大自己的眼界，把自己修炼成像陈老师那样的文化人，真幸福。陈老师一直到现在都保持着这样年轻的状态，同时也保持着对工作痴迷的状态。

今天来志达书店做讲座，陈老师比我先到，我只好建议他先去楼下志达书店转转。一进去，他今天又消费了，他买了两本书，盖了一个志达书店的章，还拿了志达书店的袋子。他买的书其中一本是法国历史学家莫娜·奥祖夫的《小说鉴史》，这本书将巴尔扎克、雨果等的小说与当时的历史联系起来，被收入商务印书馆"汉译世界学术名著丛书"。这些内容跟他研究的现代文学并不直接有关。真正好的学者就是这样。不论是我原来在杭州大学读硕士时的导师姜亮夫先生，还是来沪读博士时的导师王元化先生，都是过了八十岁了，还在常问最近有什么好书。陈老师现在七十多岁，还时不时跑各种书店，而我们一些不在状态的，想着六十岁就要退休了，就不买书甚至不怎么读书了。我觉得这种状态还不是钱的问题，直接影响人生的境界、人的精神状态。在座的有我们的青年教师、博士生、硕士生、本科生，希望大家以陈老师为榜样，终身培养和保持一种对文化的爱好，对书的爱好。等你们到了我这个年纪，甚至陈老师这个年纪的时候，能回想起来自己对书的爱好有志达书店这个讲座的影响，那就是我们办这个讲座的意外之喜了。

去年举办了隆重的子善先生荣休典礼，网上也有报道，后面有许多人留言。其中一位先生留了新加坡学者郑子瑜老教授的话。郑子瑜教授已经过世好多年了，他也在复旦做过兼职教授，是一位著名的修辞学家，也是一位跟郁达夫、周作人都有过交往的文学家。他有一句名言："阿英之后有子善。"阿英是以专门搜集近代文学史料闻名的大家。还有一位先生留言说："一位德高望重的前辈，一位誉满学界的教授，一位慈祥睿智的书友，一位藏书丰富的大家，今天他的荣休为我们再次上了生动的一课。这就是精彩的人生，向子善先生致敬。"那个会上只是大家谈子善老师的成就，子善老师在那个会上不可能讲上两个小时的课。我们今天能够亲耳听到子善老师给我们在座的和镜头前的所有朋友讲两个小时他精彩的人生，这是我们今天特殊的收获。再次谢谢子善老师！

（原载 2021 年 8 月上海人民出版社初版《好书是可以读一辈子的：我的读书经验》）

阅读大可不必那么拘谨

访谈人：马犇[①]

马犇：您曾从事《鲁迅全集》的注释工作，鲁迅作品、书信中的隐语、典故多，注释相对繁复。您和巴金先生的三次交往，第一次也是围绕《鲁迅全集》注释工作的"咨询"，注释的难度可想而知。后来您又转为收集、研究周作人的资料。请您讲讲研究周氏兄弟的经历。

陈子善：1977年，我参加了1981年版《鲁迅全集》书信部分的注释工作。鲁迅书信的时间跨度很大，注释有分工，我承担的是鲁迅最后三年（1934—1936）和致外国人士的书信，比如他致萧军、萧红和致内山完造的书信。涉外书信的量不是很大，但其最后三年的书信保存得最好，量很大。"四人帮"倒台，巴老刚刚复出，忙

---

① 马犇，《天下书香》主编。

得很，没有要事我们是不会去打扰他的，但有些书信注释的问题又不得不去向他请教，也正因为是鲁迅书信，他才马上接待我们。

我从鲁迅研究到郁达夫研究，至于后来研究周作人，都是有契机的。郁达夫早期在日本，后期在新加坡，他在东南亚地区的影响力很大，研究郁达夫需要和海外学者交流、沟通。在此背景下，我和新加坡的郑子瑜先生有了联系。后来郑先生到复旦大学参加修辞学研讨会，我去拜访他，就像我们现在这样聊天，很随意。其间，他说："我这里有部书稿，周作人的诗稿，《知堂杂诗抄》书稿，周作人生前就希望出版，我也给他在海外联系设法出版，一直没办成。现在你们内地改革开放了，周作人已被重新评价，是否可以在内地出版？"我对他说："郑先生，这个事我来联系，一定想办法促成。"然后我就把信息告诉了钟叔河先生，钟先生当时已经在出版《知堂书话》《知堂序跋》这样的书。他听到这个消息，高兴极了，表示愿意出版周作人的诗集。我请郑先生把诗集复印寄来，然后再转给钟先生。钟先生跟我说："既然要出这部诗集，就要增加一些内容，你能否把未收入书中的诗搜集起来补进去？能补多少算多少。"《知堂杂诗抄》是周作人生前编好的，但有些诗他没有收进去，我就把我当时能够找到的诗作增补了进去。《知堂杂诗抄》出版后，钟先生继续给我安排任务："既然你参与了这件事，增补还做得不错，周作人还有很多集外文你有没有兴趣继续做？"就这样，我进入了研究周作人的领域。

马犇：和古典文学不同的是，从事现代文学研究，在早年是可以直接拜访研究对象（或是与研究对象有交往的人）的，这和去图书馆翻阅二三手资料绝对是两码事。您认为这种"拜访"对研究有哪些意义？作为张爱玲研究专家，您寻访过哪些与张爱玲有过交往的人？

陈子善：正是因为收集周作人的集外文，我才看到了张爱玲的集外文，继而从周作人研究转向张爱玲研究，像滚雪球一样，一个带出一个新的来。

你这个问题非常好，也很重要，以前没有人跟我提过。我现在给学生讲课，或者在外面举行讲座，都反复强调这点。我很幸运，我能够和很多我的研究对象"面对面"，和我研究对象同时代的人"面对面"。比如说，我见过聂绀弩，我们关系很密切，他托我办过一些事。老年人都是这样，他们的时间、精力、体力不够了，需要一些年轻人帮忙，如果年轻人能够真心诚意地帮忙，关系就会很融洽。比如说，我没见过萧红，但我见过萧军，这就不一样了嘛。我和萧军聊天，发现原来萧红喜欢的男人是这个样子的，这是一种感性的认识。

张爱玲不太愿意和外界接触，所以见过张爱玲的人就比较少，但是现在健在的见过张爱玲的人，绝大多数我都见过。比如刘绍铭、李欧梵。刘绍铭最近出了一本书，书名就叫《爱玲说》，书里也讲了他和张爱玲是怎么见面的。我曾问李欧梵见张爱玲的细节，李欧梵说："见面不到半小时，当时张爱玲参加一个会议，但她不认识路，会务组就安排我到旅馆接张爱玲去会场参会。"我问他半小时边走边聊，讲了些什么，他说："没讲什么，张爱玲就说这里的树木长得蛮好的。"更重要的是，我见过张爱玲的直系亲属，比如她的弟弟、姑姑、姑父。她的姑父是她在香港大学念书时的监护人，她的姑姑就更不用说了，张爱玲认为这是她最亲的人，甚至比她的母亲还要亲。而且，所谓交往，见面是交往，通信也是交往，所以有些没见过张爱玲，但和她通过信的人，我也有所接触。

马犇：您从事张爱玲研究已有三十年，投身"张学"的队伍也日渐庞大，但是即便在今天，张爱玲的争议也没停过。就读者而言，您认为对待张爱玲的人和作品，应秉持一个什么样的态度？

陈子善：任何一个作家都会有争议，不奇怪，对鲁迅不也有争议吗？我认为有争议也挺好，毕竟可以启发研究者进一步思考，发表各自的观点和意见。

秉持什么态度？我认为首先是认真读她的作品，这是最主要的，至于作者这个人到底什么样，是其次的，甚至可以忽略不计。我们现在讲莎士比亚，他到底是什么样的人？很多细节没法说，但他的部部巨著摆在那里，也正因为那些作品，莎士比亚才被我们不断地关注。

张爱玲嫁了几个人啊，有没有生过孩子啊，有些人很爱关注这些问题。你知道还是不知道，跟你了解她的作品有关系吗？说一点关系都没有，也难说；把关系强调到不适当的程度，更没有必要。很多读者读张爱玲是在外围打圈，看五花八门的传记，就不进入核心（也就是作品）。那些传记往往是作者想当然的描绘，文笔花哨，到底有多少是比较符合张爱玲真实生平的，得打一个大大的问号。

还不如老老实实读张爱玲自己的作品，认真读了作品，才可能有真正的感受。那些辅助书籍只是一种参考而已，有时甚至连参考也说不上。

马犟：作家，尤其很多现代作家都与音乐有着不解的情缘。您痴迷古典音乐，写过一本《纸上交响》，您喜欢哪些古典音乐代表人物？音乐与文学有着怎样的关系？

陈子善：这个问题也比较好玩。我"拼凑"过一本《纸上交响》，我在书里面提到过，我喜欢古典音乐是受我一位中学同学的影响，我们现在还经常见面，他算是我的音乐启蒙老师。他当时学拉小提琴，我去他家里听他拉，我问他为什么不大好听，他说因为他水平低，其实有非常好听的音乐。接着他给我介绍了贝多芬、柴可夫斯基的作品。新中国成立以后，因为苏联的关系，俄罗斯的音乐都可以进来，贝多芬也可以，因为被列宁肯定过。1966 年以后，唱片被毁掉很多，我通过亲戚的关系去借，像做地下工作一样，小心地接头，然后到这位同学家里关起门窗偷偷摸摸地听。因为声音如果传到外面去，被里弄干部和红卫兵知道，很可能会大祸临头。因为在他们眼里，这些都是"封资修"的靡靡之音。

20 世纪 60 年代后期，我听了贝多芬、比才、柴可夫斯基、德伏夏克等，大都是苏联和东欧国家的作曲家的作品。莫扎特是在改革开放以后才听到的。我还参加过古典音乐知识大赛，我搞文学研究这么长时间，没得过什么奖，但引以为豪的是，在古典音乐（并非我的专业）上得过一个上海音乐爱好者协会的奖。这个比赛比较严格，第一轮笔试，第二轮现场比拼。决赛在一个礼堂里，我们坐在台上抢答，放一段音乐，比赛者抢答作者是谁。我得了季军，奖品是一张 CD 和一张黑胶唱片。

现在我的兴趣有所改变，我喜欢听些在国外也很冷门的古典音乐作曲家的作品，很好听。这是有难度的，不太容易找。我有一位澳大利亚朋友，他经常向我推荐。世界之大，西方古典音乐就像唐诗一样，怎么可能只有"李杜"？得有好几百人呢！说到这里，有个趣事，有次去斯洛伐克讲学，我托人带我去唱片店，专挑冷门唱片，我买了作曲家胡梅尔（贝多芬的学生）的 CD，顺便去了胡梅尔故居。我意外地发现，自己竟是第一个去他故居参观的中国人。

古典音乐是我主要的业余爱好，我把这个业余爱好和专业研究结合起来了，《纸上交响》就是一个证明。很多现代作家与古典音乐有着密切关系，有的显性，有的隐性，我们以前不太知道，于是我就对这方面进行发掘。比方说，在泰戈尔来中国前，徐志摩就与林徽因（当时还叫林徽音）有过合作，当时徐志摩组织了一场奥地利小提琴家克莱斯勒独奏音乐会，邀请林徽因报幕。那也是林徽因第一次在北京文化界公开亮相，此前，人们只知道她是林长民的女儿。那次音乐会，北洋政府总统黎元洪也到场了。

马犇："日记者，天天记之以备忘。不日记者，不天天记，有事则记，读书则记，为当今文坛艺苑留一点史料而已。"您曾如此诠释"不日记"的由来。《不日记》《不日记二集》之文学、历史、艺术的价值远超出日记的范畴。能否就《不日记三集》的内容作些透露？

陈子善：你过奖了。《不日记三集》已经交稿，基本上还是延续过去的风格，钩沉作家佚简、发掘作家集外文、考证文坛逸事、评价旧籍新书等，无外乎这些内容。篇幅的限制，不可能讲太大、太严肃的问题，只能讲小问题，但是这个小问题得有趣，或者说这个小问题可以带出一个更大的问题。新月派诗人，后来是考古学家的陈梦家，我写过好几篇；另一位新月派诗人，后来研究中国经济史的孙毓棠，我也写过。我想从一个问题引出另一个问题，陈梦家他们原来是搞新文学的，后来转为研究考古和历史。在新文学的脉络里，有很多人后来都转向中国古典文献或古典文化的研究，有名的如闻一多、朱自清、施蛰存等，都如此。这个问题过去没人讨论，没人做出令人信服的解释。

以前，"不日记"在《文汇报》上每周都有，写作比较紧张，现在比较宽松，一个月大概就一两篇。和以前相比，在"不日记"名下的文章的量少了，所以《不日记三集》是两年的内容。

马靬：客观上讲，后出的几种中国现代文学史，比之特殊历史时期诞生的文学史要客观得多，但仍在主流意识形态的框架中行走。而夏志清的《中国现代小说史》显然是另一个框架，曾长期受到批评。您如何评价他的现代小说史？您没有与大文学史较劲，更钟情文学史的微观察，您认为二者有着怎样的关系？

陈子善：夏志清先生值得肯定的地方，我们应该充分肯定。我也不是说夏志清的小说史就十全十美。举一个最典型的例子，夏志清在多个场合讲过，他的小说史没有写萧红是重大遗漏。倒不是因为萧红是接近左翼的。吴组缃也是左翼，但夏志清按照他的文学观认为吴有价值，所以他仍然给予较高的评价。夏志清当年在美国，从图书馆找不到萧红的书，客观条件所限，以至萧红、端木蕻良，他都没有论述。后来端木蕻良的家人把书寄给夏志清，他补写了几篇讨论端木蕻良的文章。

有人批评夏志清的意识形态比较强，但在他那个年代，你怎么要求他？你要求他在美国写一部马克思主义的文学史吗？这好像是不切实际的。我觉得我们对夏先生的小说史应该宽容一些。

现在文学史已经成为一种既定的框架，格式基本上都差不多，而且一个作家给他多大篇幅，好像都有所规定。如果都按照这个格式去写，哪怕文笔再好，也不可能有更大的发挥。除了夏先生这种，我还比较欣赏曹聚仁的《文坛五十年》，既是文学史，又是他亲身经历的，二者结合起来，有感性的东西，又有理性提升。

大文学史，我当然会关注，但我没有这样的雄心壮志，自己写一部文学史。有朋友常跟我说："子善啊，我们都是搞文学史研究的。"但我有文学史著作吗？严格来讲没有，只与钱理群、吴福辉两位合作编过《中国现代文学编年史：以文学广告为中心》，所以我可以承认，但也可以不承认。我想，如果只有宏观研究，没有微观研究，这个宏观研究是经不起推敲的；当然，只有微观研究，没有宏观研究，微观研究也会变得过于琐碎，视野不那么开阔。但是有了微观做基础，假定说我想写一部文学史，也许还可以写出来。如果没有微观做基础，这个宏观也不会好到哪里去。写文学史不是那么简单的事。从郁达夫开始，周作人、梁实秋、林语堂、施蛰存、台静农、叶公超、叶灵凤、常风，一直到张爱玲，这些作家以前的文学史都是不讲、少讲或加以批判的，我努力发掘整理他们的作品和相关资料，自以为为文学史拾了遗补了缺。

马犇：学者、作家中，爱猫养猫的不乏其人。您不仅养猫，还经常在微博上晒猫照，在自己的某些书上放猫照，甚至编过《猫啊，猫》《猫》。说说您养的猫及"猫趣"吧。

陈子善：我养猫后，有人告诉我，说文人，比如冰心、夏衍等都喜欢猫啊（当然也有不喜欢的，比如鲁迅就不喜欢猫），我开始倒没在意。我养猫是偶然，当年邻居养猫，邻居不给它好吃的，"有奶便是娘"，猫就到我这儿来了。我觉得猫很好玩，自然而然地养猫，养了就停不下来。我有朋友养狗，狗病死了，他伤心至极，从此再不养狗，令人感动。我不一样，我的猫已经死了两只了，但我仍然在养，生老病死是自然规律，只要对它好、问心无愧就可以了。为了让猫玩得开心，我会准备不那么重要的书和报纸，供它们抓。它们很聪明，知道可以挠哪些东西，基本不会在我的藏书上搞破坏。

马犇：您曾在文章里介绍过您的书房，一个单元房子就是一个改造过的大书房，老住处和两处办公场所都堆满书。买新书，也淘旧书，您曾说"收藏旧书就是收藏历史"。您淘旧书始于何时？请您给大家介绍几个有意思的藏本。

陈子善：上初三时，我就经常逛书店，最开始是逛离家最近的上海旧书店提篮桥门市部。我的文学知识、启蒙知识，多是从书店开始获得。但真正淘旧书，始于 1977 年。不只是动植物有生命，书这种物质形式同样有它的生命和生命的轨迹，这些，你从一本本旧书上都可以看到。

至于手头的藏本，有意思的确实有一些。说一个吧（还没系统写文章）。我在上海地摊上买旧书，有个书商经手了一批林语堂的藏书。做生意的人很精明，他一本一本拿出来。现在看来，也是对的，不像拍卖场那么多东西，目不暇接。我是看到了就买，也有运气不好的时候，比如徐志摩送给林语堂的签名本就被人买走了。我买到了胡适、周作人、赵元任、丰子恺等送给林语堂的书。

为什么林语堂的这批书留在上海，为什么到了书商的手里？这个过程比较好玩。我发现每本书的封底，都盖了一个上海市公证处的公证章，时间是 1957 年。我怀疑，林语堂 1936 年去美国的时候，这些书没法带走，就寄存在他的亲戚或朋友家。新中国成立后，林语堂回不来，这个亲戚（或朋友）也是喜欢书的，所以没把书卖掉，但又害怕日后有纠纷，就去做了个公证，证明主人已联系不上，这些书由他合法继承。这批书安然地度过了"十年浩劫"，直到 20 世纪 90 年代，才散出来。其中最有价值的，是林语堂的一册日记，已经二次拍卖了。

马犇：带学生、编学刊、做学问、参加各种与书有关的活动，为了学术和书，您满负荷运转。眼下各地都在开展全民阅读活动，您怎样理解全民阅读？对之有何建议？

陈子善：不瞒你说，我不太赞成这个提法。阅读是个人化的事情，全民阅读多少有些强行规定的意味。当然老百姓都读书是好事，但不能是组织上规定了、动员了，大家才读书，更需要自觉自愿、民间自觉、水到渠成、自然而然，这样才可能会持久。否则就会每年到了读书日、读书月，大家忙活一阵子，然后还是各做各的事。

有些人养成了锻炼身体的习惯，天天都跑步做操，同样，你如果养成了读书的习惯，就会天天都读几页书。

马犟：谢谢陈老师，请您给《天下书香》的读者送段寄语。

陈子善：阅读大可不必那么拘谨。你可以正襟危坐，或辟出专门的时间或空间来读书。但是，有时候不妨就躺在床上随便翻两页，翻到哪里是哪里，不想翻了把书往边上一放，就此入睡。这何尝不是一个比较有趣的人生，一种平平常常却又别有一番回味的人生境界呢？

（原载 2016 年 7 月《天下书香》总第 25 期）

"爱书人"的自白

访谈人：耿星河①

　　耿星河：陈教授，您好。您长期从事中国现代文学的研究，能谈谈您研究的方向、成果和现状吗？

　　陈子善：三十多年来，我一直在大学里从事中国现代文学史的教学。因此，我的研究重点也聚焦在这一方面，尤其是现代文学史料的整理和研究。从参加《鲁迅全集》注释开始，郁达夫、周作人、梁实秋、台静农、叶灵凤、张爱玲等现代重要作家先后进入我的研究视野，成为我的研究对象。1949 年以后渡海（去港台和国外）的作家也是我很感兴趣的。每个作家都是一个专题，我侧重于对他们佚文的发掘和生平的梳理，因为我认为作家的生活对他们的创作的影响是巨大的，有时甚至是决定性的。我目前正在从事现代作家签

———————————

　　① 耿星河，原名萧金鉴，《书人》编辑。

名本的研究，在写一本《签名本丛考》，以期从作家签名本的角度探讨作品的诞生、作家的交谊和文学史若干被忽视的侧面。

耿星河：您刚才提到了张爱玲。您是研究张爱玲的专家，20世纪90年代以来，陆续出版了《私语张爱玲》、《作别张爱玲》、《张爱玲集》（六卷本）和《说不尽的张爱玲》等一系列编著。您如何评价张爱玲在文学史上的地位，如何评价她的作品？

陈子善：张爱玲是20世纪中国文学史上最重要的作家之一。如果说20世纪中国文学史上最重要的作家只有一位的话，那当然是鲁迅，但如果要举出第二位优秀的作家的话，我就举张爱玲。特别要提出的是，张爱玲是用双语写作的，这很不容易，20世纪中国作家用双语写作的实在不多，林语堂算一个。而且张爱玲的文学作品十分耐读，读第一遍觉得有点啰唆，再读几遍，就越来越有味道。确定张爱玲在文学史上地位的，首先是她的小说，但是并不等于说她的散文无足轻重。我更欣赏她的散文，她的散文更加无拘无束，更能表现自己的个性，小说毕竟是虚构的，散文则更真实。

耿星河：您写了大量书话文字，深受读者欢迎。您的书话写作，角度新颖，分析透辟，内涵丰富，请您说说写作书话的经验。

陈子善：我写作书话，大概从20世纪80年代后期开始，90年代出版了第一本书话集《捞针集》。后来出版的集子如《海上书声》《发现的愉悦》《探幽途中》和最近的《边缘识小》等里面，也都有不少书话类文字。我的书话写作当然向唐弢、黄裳、姜德明等前辈学到不少东西，如果有一点自己的经验可说的话，那就是我往往把介绍的这本书与作者整个的生活和创作经历联系起来考察和讨论。我一般不对这本书做整体的四平八稳的评论，那样的话就不是书话了。书里书外，一点因缘，一段掌故，有哪些是最值得一说的，就不惜笔墨，哪怕是装帧设计乃至一张插图，只要有意思，都可以加以发挥。

耿星河：您著作多多，说著作等身也不为过；您读书多多，说"读书太凶猛"是大实话。请说说您读书和写作的习惯。

陈子善：呵，就这么写下来，读下来，日复一日，年复一年，灵活多样。要问习惯，还是有一些规律的。我的写作，以前一般都放在晚上，夜深人静，精力集中。现在却比较灵活，大白天，上午或下午，只要有时间就坐下来写。晚间除赶稿外，很少写作了。书随处可读，走到哪里读到哪里，乘地铁、坐公交车和出租车，从兜里取出来，看上两页。如今都忙，要看的书又多，所以见缝插针，利用空余时间。当然，那些严肃的书、理论的书、供研究的书，必须在室内桌前，正襟危坐地看。

我读书很少记笔记，通常在书上画杠杠、折页、夹纸条。划杠用红笔或蓝色笔，有所区别，名贵的书刊用铅笔做记号。

耿星河：您的著作和文章里，经常标注出写作于"梅川书舍"，这当是您的书斋了，请问这名字是怎么来的？书斋里的藏书一定十分丰盈，我很想知道您藏书的情况。

陈子善：我的书斋，名之曰"梅川书舍"，这是大白话，没有什么微言大义。我住在上海普陀区梅川路上，我在梅川路上有一间小小的书房，如此而已。之所以起这么个再浅显不过的书斋名，是因为好的书斋名差不多被前贤起完了，我又懒得再动脑筋。

我藏书的总数没有统计过，杂乱无章，大概总有二三万册吧，大都是普通的本子。我藏书的目的在于用，而不在于藏。书大致可分中国现当代文学、台港文学、外国文学艺术和性学四大类。我最喜欢的是现代文学大家的签名本，像我已收藏的严复、胡适、周作人、刘半农、徐志摩、朱自清、林语堂、沈从文、老舍、巴金、施蛰存、曹禺、张爱玲等的签名本；海内外文坛好友的签名本我也很喜欢，因为这是我与他们"文字交"的见证。至于说对我影响最大的书，很难列举，一定要说，周氏兄弟的书和张爱玲的书我是印象最深刻的。

耿星河：我要问点关于书、关于读书方面的问题了。在您看来，一本好书的标准是什么？

陈子善：我曾经跟一家报纸的记者谈过这个问题，我觉得大致应该有这么几个基本条件吧：一是原创的，不是拼凑的；二是要独立思考的，有真情实感的，不是人云亦云的；三是至少该书在所涉及的专业范围内受到同行的关注，而不是虽然列为这个重大项目那个重大项目，获得这个大奖那个大奖，却仍然无人问津的；四是经得起时间淘洗，而不是一时畅销的；五是装帧与内容相匹配的。作家余华有句话我很赞成，他说："什么书对你是好书，那就是你读了以后确实有感觉的书。读者要有主心骨，根据兴趣，根据自己的知识结构，去寻找适合自己的读物。"

耿星河：您好像为读者开过一个书单？

陈子善：是的，为高中以上的学子开了六种书。一是《论语》；二是《唐诗三百首》（蘅塘退士）；三是《红楼梦》（曹雪芹）；四是《呐喊》《彷徨》（鲁迅）；五是《传奇》（张爱玲）；六是《哈姆雷特》（莎士比亚）。这六种书中，好几部大家都很熟悉和公认。《传奇》有必要说几句，她的这部小说集绝对有严肃的思考，如果理解成只是在写两性纠葛，实在是误读了张爱玲。关于《哈姆雷特》，西洋文学佳作纷呈，举不胜举，我只列了这部莎士比亚的代表作，略备一格。《哈姆雷特》刻画复杂人性之深刻，古今中外罕有相匹者。"生存还是毁灭，这是一个值得考虑的问题"，哈姆雷特这句名言也值得我们思考。

耿星河：听说您对音乐很感兴趣？还喜欢养猫？

陈子善：在家里读书或者写作，我都放点背景音乐，多为西方古典乐曲，像巴赫、莫扎特、贝多芬、舒伯特、肖邦等的作品。放音乐声音适度，没有干扰，人、书、乐自然融合，感觉愉快，书读得进去，写起来也更顺利。我喜欢猫，现在养了两只猫，我编过一本《猫啊，猫》，你看到过吧，那也是我喜欢猫的证明。

耿星河：全国民间读书年会已经开过六届，记忆中，您参加过四届，说明您对民间读书的关注和重视，请您谈谈对民间读书活动的看法。

陈子善：我是参加过四届，另两届是因为有要事在身，不然我也要去的。

近年民间读书报刊如雨后春笋般涌现，令人欣喜。民刊的特点是编者和作者，无论男女老少，无论有名的还是无名的，都率性而为，读自己真正想读的书，说自己真正想说的话。

今年的年会在山东淄博开的，他们编了本《民间书脉》，集二十家民刊去年以前所刊的部分作品于一集，让我写序，我在序里谈了我对民刊的认识。在我看来，民间读书报刊可视为民间读书人的"同人报刊"，几位读书人以书为友，意趣相投，又有些业余时间，就动手办个小刊。它同时也是开放的，热忱欢迎言之有物的外稿。现在，民间读书报刊越来越受到广大读书人的关注，正在或已经培养出既有意义又有文采的文章好手，民间读书报刊自有其不容低估的存在价值，而且意义深远。这是当下一个有趣而重要的文化现象，民间读书报刊的存在和发展的文化意义，都可能要超出我们现在所想象的，将来会有人专门研究20世纪90年代中期以来的这么多丰富多彩的民间读书报刊。我也认为，民刊要进一步发展，要提高。还有一点，能不能与市场结合。不走市场有个生存问题，要经费啊！要发展，也不能没有经济基础。目前民刊存在的问题恐怕在于如何坚持，如何提高质量，如何把读书谈书跟当下的社会生活更好地结合起来。我不反对把玩书刊，但一味把玩，就意义不大了。还是要有一点思想，要有一定的锋芒，一定的担当，要有的放矢。我自己也正在朝这个方向努力。

（原载 2008 年 12 月长沙《书人》总第 12 期）

关于清末民初书装流变的对话

访谈人：周晨 [①]

    周晨：陈先生，中国现代书籍装帧艺术起于清末民初，在五四新文化运动的推动以及西方科学技术的影响下，特别是在鲁迅先生的积极倡导下，中国的装帧艺术开始走进了一个新时代。我看了一些关于上海早期出版业的资料，尽管在当时上海的印刷设备、印刷技术已经很现代化，但出版的图书封面却仍然沿用了古籍图书的形式，只是将题签换成了印在封面上的书名和作者，仅此而已，在开本、版式、字体、装订等方面都变化不大。甚至一些关于教会的宗教宣传品和反映现代西方科技的图书也是如此，形式上与清代雕版线装书相仿，其实仍然穿的是"古装"，对吗？

    陈子善：据我所知，中国书籍装帧艺术的变革始于清末民初，

---

    ① 周晨，书籍装帧家。

但重大的突破是在五四前后。清代的线装书仍然沿袭宋元以来的传统，与线装的形式相适应，封面装帧以素雅简洁为特色，基本上没有封面画，只在书名签条上做文章。到清末就慢慢发生了变化。"西风东渐"，由于西方的洋装书籍大量流入上海、天津、广州等沿海城市和北京，刺激了当时的书籍出版业，线装书这种书籍装帧形式不再一统天下，洋装的书籍开始大行其道，与之相适应的，新型洋装书的装帧形式也受到了越来越多的欢迎，"古装"书籍的统治地位开始动摇了。

周晨：民国时期的图书出版在装帧方面有新的突破和发展。"古装"逐步演变成现在的"洋装"正是发生在这一时期，在图书的形态上有很多根本性的变化，如开本纸张的变化、封面画的出现、版式的更新、装订形式的改变等。上海申报馆率先打破类似雕版大开本的传统，采用小型开本，开印了"申报馆仿聚珍版丛书"，其开本大都在17.5厘米×11厘米左右，同时期，点石斋推出的《无师自通英语录》开本为18厘米×11.4厘米，从原来的大小各异逐渐发展为32开。

陈子善：清末民初书刊在装帧方面的变革其实是令人注目的。不仅有你提到的"申报馆仿聚珍版丛书"、点石斋所出的一些书，在书籍开本上采用小型开本并渐趋统一，文字类图书更是如此。林纾翻译的许多外国文学作品，最初是线装本，如著名的《巴黎茶花女遗事》，后来就逐渐统一为商务版的小32开本了。

周晨：我比较关注的是封面画，这应该算是封面设计的雏形，唐弢先生就有一篇文章《谈封面画》，第一句就是"书籍封面作者，始自清末，当时所谓洋装书籍，表纸已用彩印"。这句话里面包含了几层意思，首先是道出了专业从事书籍装帧设计人员出现的时间，再是点明了书籍形态质的区别，最后讲到了材料工艺的变化。因为有了彩印，封面的个性和表现力大大加强，最早出现的是两类画，一类是传统的国画，另一类是当时很为流行的月份牌画。初期缺乏专业人员，处理手法也比较单一，处于萌芽阶段。

陈子善：我也比较关注封面画，包括书籍和杂志的封面画。你对唐弢先生这段话的分析已经比较到位了。彩印的出现确实是一个标志，标志着近代书籍装帧向现代书籍装帧的过渡。月份牌画的广为流行暂且不论，文学书籍如文学杂志的彩色封面已逐步呈现多样化趋势，清末民初的《小说林》《小说世界》《礼拜六》等杂志，许多鸳鸯蝴蝶派小说作品的封面都已经是彩印图画，尽管还大都是传统文人画，大都是清一色的仕女图。这时书籍装帧的渐进改良，也就为五四以后的大变革做了铺垫。

周晨：那个时代有一群文雅之士，以手工的方式，投入新兴的书籍装帧事业中。在鲁迅先生的积极倡导下，产生了一大批著名的装帧艺术家。有人把这一时期比作"书籍装帧的黄金时代"。

陈子善：到了五四时期，中国文学和文艺类书刊的装帧有了一个大变革，这是与新文学的勃兴相一致的。鲁迅是这方面的杰出代表。鲁迅对书籍样式的讲究是众所周知的。他的第一本小说集《呐喊》的封面就由他自己设计的。鲁迅有很高的艺术鉴赏力，所以他设计的书籍装帧都别具一格，至今仍为我们所推崇。在鲁迅的带动下，当时的新文学书籍装帧争奇斗艳，有与传统风格相结合的，有与西方风格接轨的，各呈异彩。那一时期，新文学家同时也是书籍装帧家的不是个别人，如闻一多、叶灵凤、丰子恺，以及后来的曹辛之等，而陶元庆、陈之佛、庞薰琹、章西厓等，也都是著名的书籍装帧设计家。后来连张爱玲也露了一手。从五四到20世纪30年代确实是20世纪"书籍装帧的黄金时代"，值得好好回顾和研究。

（原载2021年4月山东人民出版社初版《美编派》）